贵州省教育厅 2024 年高校人文社会科学研究项目
贵州省中小学家庭教育发展研究（项目编号：2024RW266）研究成果

核心素养导向的家庭教育探究

罗思亮　著

中国纺织出版社有限公司

图书在版编目（CIP）数据

核心素养导向的家庭教育探究 / 罗思亮著. -- 北京：中国纺织出版社有限公司，2025.3. -- ISBN 978-7-5229-2548-6

Ⅰ.G78

中国国家版本馆CIP数据核字第2025RR2893号

责任编辑：邢雅鑫　　责任校对：王花妮　　责任印制：储志伟

中国纺织出版社有限公司出版发行
地址：北京市朝阳区百子湾东里A407号楼　邮政编码：100124
销售电话：010—67004422　传真：010—87155801
http://www.c-textilep.com
中国纺织出版社天猫旗舰店
官方微博 http://weibo.com/2119887771
河北延风印务有限公司印刷　各地新华书店经销
2025年3月第1版第1次印刷
开本：787×1092　1/16　印张：9.5
字数：210千字　定价：89.90元

凡购本书，如有缺页、倒页、脱页，由本社图书营销中心调换

前　言

纵观我们这个社会，似乎每种职业都需要一个资格证，当教师需要教师资格证，当驾驶员开车需要驾照，开饭店需要营业执照，这是对你有资格从事某项职业的一个证明，反观我们扮演的众多社会角色中最重要的角色——家长，却不需要资格证明，似乎只要我们有了孩子，就可以做家长。但是，我们是否具备做家长的资格，是否真的会为人父母，是否能提供给孩子良好的家庭教育，是否知道要教给孩子什么内容，我们在教育时的教育理念是否正确，教育方法是否恰当？一个个问题让刚成为母亲的我有点心虚。

美国精神医生和教育学家戴克斯（Rudolf Dreikurs，1964）认为，如同孩子需要训练一样，成为父母也需要训练，需要学习对孩子各种行为新的反应方式及应对之道，如此才能培育出新态度和与孩子相处之道，但是现在的父母却很少有机会接受一系列完整的亲职教育课程或训练。有的父母自怀孕开始，便努力地接收来自各方面的育儿信息，如妇产科医生、小儿科医生、父母亲友、报纸杂志、电视广播、学者专家、教养书籍等提供的忠告，可说是众说纷纭，不胜枚举。然而，他们却发现各家的主张不同，甚至是相互矛盾，这给他们带来了更大的困扰，让他们不仅无所适从，而且对自己的教养方式更缺乏信心。我怀孕时也看了很多育儿方面的书籍，但看完之后发现自己的大脑中还是缺乏一个系统的体系，于是萌生了将自己这几年所学编撰成为一本书籍来更好地进行家庭教育的想法。作为一个高校心理学工作者，我接待了很多带着各种问题来到我咨询室的来访者，他们问题各不相同，但我发现家庭在其中扮演的重要角色起着很大的作用。我认为，要想降低孩子出现心理问题的概率，家长学习系统的家庭教育知识，做好孩子的家庭教育非常重要。

目前，党和政府高度重视家庭教育，并从法律层面予以保障。2018年9月，习近平总书记在全国教育大会上指出，"家庭是人生的第一所学校，家长是孩子的第一任老师，要给孩子讲好'人生第一课'，帮助孩子扣好人生第一粒扣子"。2021年10月23日，《中华人民共和国家庭教育促进法》颁布，这意味着家庭教育从"家事"上升到"国事"，开启了"依法带娃"的新时代。因此，对于新时代的每一位家长，学习系统的家庭教育知识，正确带娃，是我们每个家长应尽的责任。

核心素养是当前国际基础教育课程教学改革的方向，指导着人才培养的规格和要求。教育部2014年印发的《关于全面深化课程改革落实立德树人根本任务的意见》中，我国首次提出"核心素养体系"概念。同时指出，核心素养的提出，将让教育改革进入"3.0 时代"。核心素养是指孩子应具备的，能够适应终身发展和社会发展需要的必备品格和关键能力，是关于孩子知识、技能、情感、态度、价值观等多方面要求的综合表现，是每一个孩子获得成功生活、适应个人终身发展和社会发展都需要的、不可或缺的共同素养，其发展是一个持续终身的过程，可教可学，最初在家庭和学校中培养，随后在一生中不断完善。2016 年核心素养课题组发布的"中国学生核心素养体系"作为我国未来教育的育人目标，迫切需要得到家长们的认同与理解，因为未来的教育必然会是学校教育、家庭教育与社会教育的一体化。培养孩子的核心素养，家庭教育不可缺位，需要学校教育和家庭教育共同携手进行。核心素养导向本质是教育要确立面向未来的育人目标。面向未来，我们到底应该让孩子学什么？学到什么程度？这是核心素养所回答的问题。

因此，本书尝试在核心素养导向下，探究家庭教育的目标、理念、教育内容和实施路径等，为更好地发挥家庭教育的作用，促进家校社协作育人，培养适应未来社会的人才做出思考。

罗思亮
2024 年 10 月

目 录

第一章 家庭与家庭教育 ……………………………………………………（1）
 第一节 家庭概述 ………………………………………………………（1）
 第二节 家庭教育的概述 ………………………………………………（5）
 第三节 新时代家庭教育的问题和解决对策 …………………………（10）

第二章 新时代家庭教育的目的与理念 ………………………………（13）
 第一节 新时代家庭教育的目的 ………………………………………（13）
 第二节 新时代的家庭教育观 …………………………………………（20）

第三章 核心素养导向下的家庭教育内容和任务 ……………………（29）
 第一节 核心素养概述 …………………………………………………（29）
 第二节 文化基础 ………………………………………………………（36）
 第三节 学会学习 ………………………………………………………（44）
 第四节 健康生活 ………………………………………………………（46）
 第五节 责任担当 ………………………………………………………（53）
 第六节 实践创新 ………………………………………………………（58）

第四章 家庭环境建设与优化 …………………………………………（65）
 第一节 家庭环境概述 …………………………………………………（65）
 第二节 物理环境 ………………………………………………………（67）
 第三节 家庭文化环境 …………………………………………………（69）
 第四节 家庭心理环境 …………………………………………………（78）

第五章 核心素养导向的家庭教育落实路径 …………………………（87）
 第一节 建立良好的家庭亲子关系 ……………………………………（87）
 第二节 亲子沟通的方法和艺术 ………………………………………（96）
 第三节 良好的习惯和健全人格的培养 ………………………………（102）

第六章 不同年龄阶段儿童的家庭教育 ……… (111)

第一节 胎儿期的家庭教育 ……… (111)

第二节 乳婴儿期的家庭教育 ……… (114)

第三节 幼儿期的家庭教育 ……… (118)

第四节 童年期的家庭教育 ……… (127)

第五节 青少年期的家庭教育 ……… (136)

参考文献 ……… (145)

第一章 家庭与家庭教育

家庭是一个人出生和成长的地方，是每个人生命中最重要的部分。家庭教育是父母在家庭生活中对孩子进行的教育活动，是孩子成长过程中最重要的环节。本章将从家庭概述、家庭教育的概述、新时代家庭教育的问题和解决对策三个方面进行介绍。

第一节 家庭概述

蔡元培先生说过："家庭者，人生最初之学校也。"因此，本节将从家庭的概念、结构和功能三个方面带领大家深入了解家庭。

一、家庭的概念

家庭是由婚姻、血缘或收养关系组成的社会生活组织形式，是个体最初也是最重要的生活环境，极大地影响着个体的社会化过程。家庭有广义和狭义之分，狭义是指一夫一妻制构成的团体，广义的则泛化为家族。换言之，狭义的家庭是指基于婚姻关系、亲子两代血缘关系或收养关系所形成的社会团体，这样的家庭由一对父母和未成年子女组成；广义的家庭是指具有共同的祖先、血缘，或具有姻亲关系、养育关系的人所组成的亲属团体，这样的家庭不但包括婚姻关系、亲子关系，还包括由婚姻关系所连接起来的较大范围的亲属关系。通过婚姻，夫妻一方的父母、兄弟、姐妹以及其他血亲同时成为配偶的亲戚。如此，广义的家庭成员包括夫妻及各自的（外）祖父母、兄弟、姐妹、姑姨和甥侄等。

家庭具有如下特点：

第一，家庭是最普遍的社会群体，每个人都与家庭有关。即便是孤儿，也是出生自合法或不合法的家庭；单身者，也是由家庭派生或游离出来的。

第二，家庭是在婚姻、血缘或收养关系基础上形成的。费孝通说："婚姻是人为的仪式，用以结合男女为夫妇，在社会公认下，约定以永久共处的方式来共同担负抚育子女的责任。"因此，婚姻是家庭的基础，亲情（以血缘关系或收养关系所形成的）是家庭的纽带。

第三，生养和教育孩子是家庭生活中的重要责任。人类具有延续生命的本能需求，家庭是唯一具有人类再生产职能的社会组织。同时，还要通过教育子女，使之社会化，让子女能适应生活环境，获得独立的生活能力，这是家庭的重要责任。

第四，家庭成员间有心理与情感上的隶属感，它对人的影响最早、最大、最深。家庭成员通过朝夕相处，形成心理上的相互隶属感，愿意遵守相互的约定，认定对方的角色与身份，并能在情感与生活细节上分享经验，共同承担家庭成员的喜怒哀乐。

第五，家庭最能满足人们的多方面需要。从物质到精神，从生理需求到心理需要，家庭对个人身心需要的满足具有多元性与广泛性，这是其他社会群体所不能满足的。

二、家庭结构

家庭结构是指家庭成员的组成、他们之间的相互作用和相互影响状态，以及由此形成的相对稳定的联系模式。家庭结构包括两个基本方面：①家庭人口要素。家庭由多少人组成，家庭规模大小。②家庭模式要素。家庭成员之间如何相处，不同的接触方式形成不同的家庭模式。家庭结构是一个抽象的概念，但同时又是现实存在的，它对家庭成员的生理、心理和行为有着巨大的影响，并随着宏观社会、经济和文化的发展而不断演变。

家庭结构有不同的分类，最常见的是按辈分和与亲属的关系划分为：核心家庭、主干家庭、联合家庭、其他家庭（以上3种类型以外的家庭，比如单亲家庭、重组家庭、单身家庭、丁克家庭等）。下面将介绍几种常见家庭类型的概念和特点：

1. 核心家庭的概念及特点

核心家庭是一种由已婚夫妇和未婚子女组成的家庭类型。家庭内部只有三种关系，即夫妻关系、亲子关系和兄弟姐妹关系。核心家庭的主要特点是规模小、结构简单，是现代社会的主要家庭形式。这种家庭有利于发挥家庭的教育功能，因为它只有一个核心，具有较强的凝聚力，有利于为孩子的成长营造和谐的家庭氛围。

2. 主干家庭的概念及特点

主干家庭是指一个家庭有两代人以上，每代只有一对夫妇组成的家庭类型，是核心家庭的纵向延伸。主干家庭可以是由祖父母、父母和子女组成的三代同堂家庭，也可以是由外祖父母、父母和子女组成的三代同堂家庭，代际层次可以是三代，也可以是四代、五代等。主干家庭是中国较为常见的家庭结构之一，尤其是在农村地区，至今仍占有较大比重。主干家庭的特点是家庭人口多、教育力量大，但代际关系比较复杂，包括夫妻关系、父母与子女关系、孙辈与祖辈关系、丈母娘与女婿关系等，容易产生家庭矛盾。

3. 单亲家庭的概念及特点

单亲家庭是指父母一方与未婚子女共同生活的家庭类型。造成单亲家庭的因素有很多，如离婚、丧偶、未婚生育等，在这些家庭中，孩子由母亲或父亲独自抚养。单亲家庭的特点包括家庭成员人数少、家庭结构简单、家庭内部只有一个权力和活动中心。然而，由于经济压力、心理健康问题、缺乏性教育等原因，单亲家庭可能面临一系列挑战。

4. 重组家庭的概念及特点

重组家庭是指父母离异或丧偶后再婚并组成新的家庭关系的家庭类型。重组家庭最显著的特点是家庭成员关系、社会关系复杂，家庭成员过于敏感。家庭成员需要适应新的家庭角色和责任，建立新的家庭关系，还要处理前配偶的问题。重组家庭中的儿童可能会面临情绪困扰，需要家庭成员的关注和支持。只有家庭成员之间相互理解和支持，重组后的家庭才能更加和谐稳定。

三、家庭的功能

家庭功能是指在一定的社会条件下，家庭对个人生活和社会发展所起的作用，即家庭对于人类的功用和效能。家庭的功能是多方面的，可分为以下几种基本功能：

1. 经济功能

为了使家庭成员能够生活和生存，家庭必须有足够的经济能力来获取食物、金钱或服务。因此，经济功能是家庭的首要功能，包括家庭中的生产、分配、交换和消费，它是家庭其他功能的物质基础。

2. 性生活与生育功能

性是人类的本能，性生活是家庭婚姻关系的生理基础，家庭是正常进行性活动和满足性需求的场所。同时，性生活与生育行为密切相关，社会通过一定的法律和道德对生育行为进行规范，使家庭成为满足两性需求和繁衍后代的基本单位。

3. 抚养和赡养功能

孩子出生后，在身体和精神上都要长期依赖父母和长辈的照顾。到了老年，人们也有一段时期失去了劳动力，需要子孙后代的赡养。赡养和抚养功能表现为家庭代际关系中的双向义务和责任。抚养是上一代对下一代的养育，赡养是下一代对上一代的供养和帮助，这种功能是实现社会继替不可或缺的保障。

4. 感情交往功能

它是家庭精神生活不可或缺的一部分，也是家庭生活幸福的基础。由于血缘和亲缘的关系，家庭成员的情感有着千丝万缕的联系，情感交流的密切程度是家庭生活幸福与否的标志。家庭成员之间的交往是最纯真、最真实的，对一个人一生的性格、品质和情感的培养具有重要意义。

5. 教育功能

教育功能既包括父母对子女的教育，也包括家庭成员的教育，其中父母对子女的教育在家庭教育中占有重要地位。在人的一生中，首先向其传授知识和技能的是父亲和母亲以及其他家庭成员，在家庭中对子女进行教育是父母和家庭的天职。

6. 休闲与娱乐功能

休闲娱乐是家庭闲暇时间的表现形式，随着人们生活条件的改善，人们的休息娱乐也逐渐从单一型向多向型发展，越来越丰富多彩，家庭在这方面的功能也将日益增强。家庭以其特有的温馨、舒适、愉悦的氛围，成为家庭成员休闲娱乐的最佳场所之一。家庭成员可以相互陪伴，共同参与休闲活动，或利用家庭内外的相关休闲娱乐设施，修身养性，调节身心健康。

但家庭功能受多种因素的影响，其中家庭内部的因素导致家庭的失常，常常造成家庭功能不良，进而伤害家庭成员的正常发展和成长。华尔希（Walseh，1993）提出，健康且功能健全的家庭具有以下主要特征：

（1）家庭成员间相互关怀、支持，休戚与共，相互承诺。

（2）尊重家庭每个成员，不论老少，其个别差异都受到尊重，并能增进每个成员的幸福与发展。

（3）配偶间相互尊重、支持，并拥有均等的权利与责任。

（4）在孩子的教养、保护、社会化以及对其他家庭成员的影响中，能发挥领导与权威的教育功能。

（5）家庭组织稳定，成员间的互动具有明确、一致与可预测等特质。

（6）家庭能顺应家庭外在需求变化所导致的改变，能有效地面对压力与问题，处理人生各周期中的各种挑战与转变。

（7）家庭成员间彼此的承诺和相互的期待明确，所以能坦诚地沟通、愉快地互动，并且有情绪表达及同理反应的空间。

（8）家庭能有效地解决问题，避免或积极应对冲突。

（9）家庭成员能共享一套信念与信仰，因而相互信任，亲密相处，彼此相融；家庭成员有共享的良好的伦理价值观，并能关怀人类的幸福或社区的利益。

（10）有基本的经济稳定性，亲属之间有心理上的相互支持，并有健康的家庭人际关系网络、社区及较大社会体系的支持系统。

华尔西认为，这些特征可以说环环相扣，相互影响，某一特征欠缺，就会影响整体家庭功能的发挥，因而这些特征可以当作检测家庭功能的指标。

第二节 家庭教育的概述

家庭教育是国民教育体系的重要组成部分，是社会教育和学校教育的基础、补充和延伸。本节主要介绍家庭教育的概念、特征和新时代家庭教育的作用。

一、家庭教育的概念

家庭教育是一个常用的概念。学者们对这一概念有各种不同的理解和界定，以下是一些代表性的概念。

《辞海》将家庭教育解释为由父母或其他长辈在家庭里对儿童和青少年进行的教育[1]。

赵忠心从狭义和广义两个角度给"家庭教育"下了定义：狭义的家庭教育是由家庭里的长者（其中主要是父母）对其子女及其他年幼者实施的教育和影响；广义的家庭教育是指家庭成员相互之间开展的一种教育[2]。

邓佐军在《家庭教育》一书中指出，家庭教育是发生在家庭生活中，以亲子关系为中心，以培养社会需要的人为目的的教育活动，是人的社会化过程中家庭（主要指父母）对个体（一般指儿童和青少年）的影响[3]。

李天燕认为，现代家庭教育是指在现实家庭生活中发生的以血缘关系为核心的家庭成员（主要是父母和子女）之间双向沟通、相互影响的互动教育。家庭教育有直接家庭教育和间接家庭教育之分，直接家庭教育是指在家庭生活中，父母与子女之间按照一定的社会要求进行互动教育和培养；间接家庭教育是指家庭环境、家庭氛围、父母言行对子女成长过程的潜移默化的影响。现代家庭教育应包括直接和间接两个方面[4]。

陈桂生认为家庭教育有"实然状态"和"应然状态"的区别：家庭教育的"实然状态"是指"家庭作为人降生后第一归属的社会群体，使未成年人初步掌握母语、形成生活习惯，自然地接受爱与主动的爱，从而奠定人格与个体社会化的初步基础"。家

---

[1] 陈至立. 辞海 [M]. 上海：上海辞书出版社，2022.
[2] 赵忠心. 家庭教育学 [M]. 北京：人民教育出版社，1994.
[3] 邓佐君. 家庭教育学 [M]. 福州：福建教育出版社，1995.
[4] 李天燕. 家庭教育学 [M]. 上海：复旦大学出版社，2007.

庭教育的"应然状态指的是人们所期待的、盼望的状态，是个体价值取向的具体反应❶。"

从上述概念定义中我们可以看出，家庭教育是存在于家庭成员之间，发生在家庭互动过程中的一种教育影响，这种教育影响可能是自觉或不自觉地，有意识或无意识地。同时，该教育影响有助于受教育者的社会化和健全人格的形成，促进他们德、智、体、美、劳全面发展。家庭教育是一种双向的互动，父母或其他年长者是家庭教育的主体，但子女或其他年幼者也并不是消极的、被动的接受者。他们可能很好地接受来自父母或其他年长者的教育影响，也可能对这种教育无动于衷，甚至想方设法加以抵制，他们还可能在接受来自父母（长辈）教育的同时给父母的观念、行为等带来影响。所以，家庭教育不是单向施教，而是双向互动，在教育过程中父母与子女之间、长者与年幼者之间意见的沟通、情感的交流和思想行为的理解极其重要。

二、家庭教育的特征

家庭教育的特征主要体现在下面几个方面：

1. 启蒙性

颜之推在《颜氏家训》中提出："人生小幼，精神专利，长成已后，思虑散逸，固须早教，勿失机也。"说的是人在年幼时，注意力集中，容易集中精力，长大成人后则不然，精神涣散，难以集中精力，因此，教育应早些开始，不要错过教育的最佳时机。家庭教育，发于童蒙，启于稚幼。这一时期不仅是智力发展最迅速的时期，也是形成习惯、陶冶性情、培养品格、锻炼意志的最有利时期。

一个人对外界的初步认识和了解，以及人格和性格的形成，其起点往往是从家庭教育开始的，因为孩子在上学之前一直生活在家庭中，这就决定了早期家庭教育对一个人的思维形成、智力发展和性格养成至关重要。

2. 终身性

根据教育过程连续实施时间的长短，可以将教育分为阶段性教育和终身性教育。学校教育和社会教育表现出一定的阶段性，它们分别在人生的不同阶段起着重要作用；而家庭教育的影响则从人们诞生开始（包括胎教），直至生命的结束，所以家庭教育具有终身性的特点。从孩子呱呱坠地到成家立业，家庭教育都在为孩子保驾护航。即使在孩子长大成人、成家立业之后，家庭教育依然发挥着作用。家庭教育的终身性，可以帮助家长不断观察孩子的优缺点，适时进行教育，长此以往，有助于培养孩子的良好个性，让孩子终身受益。

---

❶ 陈桂生. 教育原理［M］. 3 版. 上海：华东师范大学出版社，2012.

3. 针对性

与学校教师面对众多的学生相比，家庭中父母面对的只有为数不多的子女，因此父母有精力通过与子女在家庭中朝夕相处的机会，对子女身体、能力、性格、习惯等进行细致的观察、充分的了解；学校教师的教学形式是集体的，通过班级授课，而家庭中父母对孩子的教育是一对一的，因此家长能够做到针对子女特点有的放矢地进行教育。同时，家庭的特点有利于子女各种思想行为更容易如实表现出来；而且，有的家庭父母和子女建立良好的亲子关系，孩子出于对父母的依赖能主动地向父母交流自己内心的想法，这些都为父母可以基于子女的个性进行针对性培养提供了机会，可以更好地因材施教。父母可以及早发现孩子的兴趣和才能，对其加以培养，充分挖掘子女的潜能使其得以发挥，还可以及时发现孩子的问题和弱点，通过针对性地进行教育，帮其克服困难得到成长，以收到"长善救失"的效果。

4. 非正规性

教育从实施组织的形式来看，可以划分为正规教育和非正规教育。家庭教育表现出一定的非正规性，它不同于学校教育具有清晰的目的，明确的教学计划，按照国家意志来有组织、有系统地进行教育，它的实施表现出一定的灵活分散性，缺乏严密的计划和组织。而且，家庭教育者不像学校教师一样经过系统的学习训练并获得任职资格，具备一定的专业知识和技能；很多家庭中的家长只因生育了孩子就自然成为子女的教育者，他们没有接受过专门的教育和训练，缺乏相应的家庭教育知识和技能。家庭教育的目标、内容和方法都是非标准化的，具有明显的日常性，没有固定的教育阵地、教育模式和时间安排，教育活动基本上与生活实践紧密结合。家庭教育的成败，主要取决于家长自身的素质和家长对家庭教育重要性的认识，家庭教育的水平同家长的生活阅历、思想道德、科学文化修养、教育知识和能力等成正比。

三、新时代家庭教育的作用

家庭教育伴随和影响人的一生，对一个人的成长和成才至关重要。因此，清醒认识新时代家庭教育的重要作用，对我们每一个人、每一个家庭乃至整个社会都具有重要意义。

（一）家庭教育是落实立德树人根本任务的关键力量

我国具有重视家庭教育的传统。家庭教育不仅是"家事"，也是"国事"。"立德树人必须注重家庭、家教、家风建设，始终以社会主义核心价值观为导向，以中华优秀传统文化、社会主义先进文化为源泉，以爱国主义为核心"，家庭教育的重点就是要明确如何培养人、培养什么人等问题的解决路径。从根本上讲，《中华人民共和国家庭教育促进法》的颁布与落实，彰显着家庭教育在参与立德树人层面的重要作用，其与立德树人的持续发展存在同向性与同步性，应作为践行立德树人的重要力量存在。从整体层面看，立德树人是我国新时代教育的根本任务，需要多方教育主体的密切协作，无论是作为基础的家庭教育，还是重要组成部分的学校教育和社会教育，都需以立德树人为指导方向，在教育过程中积极开展育人实践，积累经验、发掘问题，在互相助力中提升立德树人的发展水平。从家庭教育层面看，其在新时代背景下应承担起其特有的职责和使命，意识到自身在立德树人层面的重要作用及与学校、社会协作的必要性和可行性，在积极践行《中华人民共和国家庭教育促进法》的过程中发挥自身的育人作用、展现特有的育人价值，以此支撑和促进教育整体的全面进步。家庭教育立德树人重要力量的发挥和价值的展现，需要学校及社会的共同努力，只有学校、社会、政府等多方主体共同协作，为家庭教育践行立德树人提供必要的支持和健康和谐的环境，才能更好地彰显家庭教育在推动落实立德树人根本任务上的重要作用。

（二）家庭教育是孕育培养儿童健全人格的根本基础

家庭教育是教育体系的基础，对于个体而言，家庭教育在教育形式、教育内容、教育空间等方面的天然特殊性，为培养孩子健全的人格奠定了基础。著名教育学者李希贵曾说过，一直以来我们的教育都是用"竞争"的方式来激发孩子学习成长的动力，一旦失去了竞争，孩子就会失去这种动力。一些备受推崇的"竞争"思维的家庭教育做法与培养孩子健全人格的目标相去甚远，甚至背道而驰。联合国教科文组织（UNESCO）在其"教育的未来"倡议中提出：我们未来培养的或者我们今天应有的孩子，他们身上的品格应该有合作和团结。但是，合作与团结绝不是一系列过度的竞争所能培养出来的。家庭教育可以发挥什么作用？从家庭教育本身来看，培养健全的社会人格是新时期家庭教育不断追求的目标。健全的人格不仅强调个人的知识储备和学习能力，更注重个人的心理素质和身体素质，只有在身体、心理、精神等层面都健康，并能正确处理和应对日常生活中遇到的多种问题，才能体现出其健全的人格。而要实现这一目标，必然离不开家庭教育的顺利落实。只有家庭教育才能从婴幼儿时期开始培养健全人格教育，也只有家庭教育才能持续参与个体人格的发展，体现出家庭教育独特的伴随性和长期性。从学校教育和社会教育的角度看，健全人格的养成同样离不开家庭教育。学校教育更侧重于向学生传授知识和指导实践，在心理健康教育等方面仍有赖于家庭教育的密切配合；而家庭作为社会的重要组成部分，从本质上说社会教育本就依赖着家庭教育的实践参与和落实。

（三）家庭教育是推动教育回归育人本质的核心动力

家庭教育可以促进儿童学习成长实现"有趣、有意义、有可能"的愿景，这是促使教育回归育人本质的关键动力。家庭是生命成长和发展过程中最基本、最重要的场所，家庭氛围和家庭教育理念等对孩子有着潜移默化的影响[1]。从整个教育发展体系来看，家庭教育是整个体系的基础，这不仅是因为一个人最早的教育起源于家庭，最长久的教育也依赖于家庭，还因为家庭教育深刻影响着个体的行为习惯和思想态度，具有关联性和连续性的特点，承载着教育最初的使命和责任。因此，家庭教育还具有促进教育回归本质的重要价值。一方面，家长本身就肩负着育人的功能，这是其他载体所无法替代的。从成长过程来看，家庭环境自古以来就是影响个体成长不可或缺的因素，家庭成员尤其是父母的言行举止、喜怒哀乐都影响着孩子的成长。从家庭教育的发展来看，家庭教育从最初的启蒙教育入手，与学校教育、社会教育相结合，形成教育体系，家庭教育在整个教育体系中承担着基础的使命和责任。另一方面，良好的家庭教育是实现社会教育和学校教育目标的必要前提和基础，学校教育离不开家庭教育在启蒙和学前阶段的熏陶，社会教育离不开家庭教育活动的重要支撑。如今，虽然学校教育和社会教育的形势发生了变化，但家庭教育因其独特的传承性和稳定性，可以持续地对孩子进行必要的教育和价值熏陶，并在此基础上逐步形成推动教育回归育人本质的关键动力和多方合力，共同实现立德树人的育人使命。

（四）家庭教育是涵养良好社会风气的重要路径

"家风是中华优秀传统文化的重要组成部分，在道德教化、秩序维护、风气塑造、社会治理、文明传承等方面发挥着重要作用"[2]。家庭本身就是一个具有社会属性的单位，这就决定了家风与社会风气之间的直接关系。家风作为家庭文化的核心，代表着家庭的整体风貌和氛围，表现为家庭成员的行为准则、思维方式和价值观念，而家教是形成家风的有效途径。在此基础上，家庭教育还能有效滋养社会风气，促进整个社会良好氛围的形成。一方面，培育良好家风是家庭教育的重要功能。家庭教育注重通过父母或监护人对未成年人进行价值引导、习惯培养和知识传授，力求通过多种形式促进未成年人健康成长。在这个过程中，家风的培养和传承必不可少，也是在潜移默化中实现的。另一方面，家庭是社会的最小单元，家风也是社会道德的重要组成部分。"家教家风建设在社区治理中承载着不可替代的独特使命和功能"[3]，不断展现出其在涵养社会风气层面的重要价值。新时代家庭教育的影响范围不断扩大，教育效果不断深化，在此过程中，以培育优良家风的形成涵养社会风气也成为可能。此外，通过家庭教育，未成年人在价值观念和行为规范的选择上能够表现出积极的态度，能够以更加健康的心态参与社会。由此可见，家庭教育在涵养社会风气层面的重要价值。

---

[1] 崔学鸿. 家庭教育是一切教育的基础 [J]. 人民教育, 2022 (Z2): 80-83.
[2] 田旭明, 杨正梅. 中华家国文化的新时代阐发与实践 [J]. 中州学刊, 2023 (3): 115-122.
[3] 鹿锦秋. 新时代家庭家教家风建设对社区治理作用的评价体系 [J]. 社会科学家, 2023 (1): 153-160.

第三节　新时代家庭教育的问题和解决对策

由于社会主义市场经济的快速发展、物质生活条件的丰富、多元文化的冲击、生活方式的转变等因素，家庭教育被弱化甚至缺失，这不仅不利于青少年的健康成长，也影响了整个社会的稳定与和谐。因此，找到新时代家庭教育的问题，探寻解决家庭教育问题的对策非常重要。

一、当前我国家庭教育存在的问题

我国正处于社会转型时期，物质文明的高度发达、多元文化的冲击、信息时代的到来、独生子女的增多等因素都使得我们的家庭教育面临着许多新问题、新挑战。当前我国家庭教育存在以下方面的问题：

（一）过度功利化的家庭教育背离了教育本质

家庭教育过度功利化是指家长片面强调教育的实用性、工具性、短期效能及目标，而忽视个体作为完整的人的个性发展、心灵和德性培养、长期效能及目标，呈现出急功近利的思想和行为取向[1]。由于传统教育价值观影响根深蒂固，加之市场经济大潮的冲击，我国当前家庭教育过度功利化的现象十分突出，表现为教育目标狭隘、教育内容单一，重智轻德、片面发展，过度开发、负担过重，过早定向、忽视基础，盲目从众、严重内卷，等等。这种过度功利化的家庭教育把教育的工具功能扩大化、极端化，把工具理性置于价值理性之上，是一种短视化、片面化、简单化的教育行为，致使人们的观念和行为违背了教育的客观规律和青少年身心发展的规律。它扭曲了孩子的个性，异化了教育过程，加剧了超负荷教育，引发了教育焦虑，从而背离了教育的本质[2]。这会给家庭教育发展带来深刻的负面影响，使得教育目的、方法、内容、评价等在一定程度上偏离初衷，加速了"为发展可以不择手段"这种教育思维方式的泛滥，架空了"全面发展"，使得育人目标实际指向"单向度的人"，从而导致教育立德树人的根本任务难以达成。

（二）家校合作的"失界"困境

当前，家庭和学校责任划分一直争论不断，家庭教育和学校教育职能错位问题凸

---

[1] 孙建华.新时代家庭教育的核心意蕴、现实困境与路径突围 [J].聊城大学学报（社会科学版），2023（5）：82-88.

[2] 课题组，崔保师.扭转教育功利化倾向 [J].教育研究，2020，41（8）：4-17.

显。家庭教育"学校化"、学校教育"放大化"的现象显著，家校合作陷入"失界"的困境，这种失界主要表现在以下三个方面：

一是学校教育向家庭教育的"越界"。对比学校教育的专业性和系统性，家庭教育具有显著的日常性和生活性，琐碎的日常陪伴常常被窄化为"不专业、不规范"的生物性抚养，学校教育对家庭教育的本质和内涵把握不够，加剧了"越界"指导和干预的步伐。

二是家庭教育对学校教育的"干预"。在教育内卷的当下，家长普遍重视孩子的学习，家长参与学校教育事务的诉求和实际行动在增加。然而，家长对学校教育的"参与"与"干预"界限不清，也可能会导致学校的烦恼，尤其是部分家长会干预学校在任课教师配置、课程内容设置、教学计划安排等方面的行为。

三是家庭教育和学校教育的"不对等"。现实中家校合作的一个基本假设和前提条件是家校双方拥有促进学生成长成才的共同目标。然而，在中考和高考"指挥棒"的导向下，家校双方的合作容易破裂，双方在服务于提升学生学习成绩还是综合素质的定位上存在矛盾点，"优胜劣汰"的残酷法则可能会导致学校对考试成绩差的学生关注不充分或反复关注无成效，但家长不会因此而放弃，可能会转而为孩子寻求其他的教育路径，双方家校合作的基础可能因此丧失。

（三）家长素质参差不齐对家庭教育质量的不均衡影响

由于我国目前经济发展的不平衡、教育发展的差异性、价值观念的多元化，家庭教育表现出突出的不平衡性。家长素质是决定家庭教育质量的关键因素，由于家长素质的差异，生活在不同家庭中的儿童接受着相去甚远的家庭教育。而且，部分家长不注重提升自身的教育素养，致使家庭教养成效不高。如部分家长不注重家庭文化建设和家庭环境建构，自身的儿童观、成才观和亲子观不正确，对孩子的成长规律缺乏科学认知，教养孩子"跟着感觉走"，教育方法简单粗暴，导致家庭教养行为失当和家庭关系扭曲，出现亲子关系、夫妻关系紧张、教育母职化、父亲的教育作用弱化等现象。这不仅削弱了孩子发展的自我主体性，不利于孩子的成长，还影响正常的家庭生活。还有部分家庭存在重养轻教的现象。部分农村家长囿于提升家庭经济能力的现实需要赴外地打工，一小部分城镇家长忙于事业将子女托付他人照管，他们都弱化了自身对子女的教养职责，降低了家庭教养成效。

二、重构适应新时代育人要求的核心素养视域下家庭教育模式

在新时代背景下，我国的家庭结构和家庭文化发生了明显的变化，家庭教育的人员及教育模式也需要进行相应的调整和改变，以适应时代形势和发展的需要。因此，要创构"理念－目标－路径－模式"的家庭教育新模式，在全面创新的基础上推动家庭教育的高质量发展。

一是要形成适应新时代的家庭教育观。随着社会的不断发展变化，家庭教育面临

着新的课题和挑战。在这样一个多元化、开放性强、竞争激烈的社会中,家庭教育观念需要与时俱进,不断转变和更新。新时代的家庭教育观要注重"立德树人",以儿童为中心,持着平等尊重、共同成长的态度,促进儿童的全面发展。这些观念不仅有助于培养优秀的人才,也能够促进家庭的和谐和社会的进步。

二是要转向素养化的家庭教育目标[1]。党的十八大明确指出,教育的根本任务是立德树人,核心素养是这一教育方针的具体化和细化。"核心素养"是指学生适应终身发展和社会发展需要的必备品格和关键能力。必备品格即德育,充分体现社会主义核心价值观;关键能力即智育,是现代科学视野下的能力发展要求。核心素养旨在培养马克思所说的全面发展的人,是连接宏观教育理念、培养目标和具体教育实践的中间环节,是连接家庭、学校和社会的纽带,是我们新时期家庭教育发展的落脚点。

三是要遵循科学化的家庭教育方法。家庭教育的科学化,首先要学习发展科学,尊重发展规律。家庭教育需要以个体身心发展规律为基础;发展是多维度、多方向的,受到生理、心理、社会和文化等因素的共同作用,因此要注重优生、优育、优教相结合,从多个途径进行教育和培养;发展存在个体差异,因此要在对个体了解的基础上制定相应的培养目标与方案;发展是可塑的,应整合多水平因素以促进个体的积极发展。如此,应求"最近发展区",促进合理发展,同时避免急功近利、过度教育。家庭教育方法的科学化,还要求在具体的研究实践中重视实事求是、注重客观标准、定性定量结合,提倡百家争鸣。

四是要践行家庭教育新模式。教育主体应践行具有新目标、新内容、新方式及新标准的家庭教育模式。在构建全新家庭教育模式的过程中,家长教育主体应基于孩子的发展实际,在重视孩子主观能动性的基础上提升教育模式的适应性,以此减轻孩子接受家庭教育的抵触心理。

家庭教育可参考学习"爱—榜样—边界"三角形的教育模式,将各项家庭教育活动置于"爱"的包围下,同时各类教育实施者做好榜样示范,在注意主体边界的基础上推进教育活动的顺利开展[2]。在上述模式下,家庭教育的参与者都可找到自身的定位,并以一种近乎和谐的方式开展教育活动,再加上家庭教育指导工作的落实,此模式便可在良好的沟通中完成教育活动,进而助力家庭教育的高水平开展。

---

[1] 林崇德. 新时代家庭教育的发展方向 [J]. 中华家教, 2021 (1): 8-9.
[2] 彭静雯, 曹根. 超越西方亲子沟通的实用工具:中国家庭教育"铁三角"模型的构建 [J]. 中国人民大学教育学刊, 2022 (1): 28-38.

第二章 新时代家庭教育的目的与理念

家庭结构的变化、家庭环境的变化和时代的不断发展,意味着人们的家庭教育目的和观念也应与时俱进,不断更新,以更好地适应新时期家庭教育的要求。本章将带领大家一起探讨一下新时代家庭教育的目的与理念。

第一节 新时代家庭教育的目的

任何实践活动总是追求某一目的的实现。从活动一开始,人们头脑中就已经规划出了预期的结果,而这一预期结果就是目的,目的为人类实践活动指明了努力的方向和追求的目标。因此,我们在探讨核心素养导向下的家庭教育时首先应明确新时代家庭教育的目的。

一、家庭教育的目的和意义

教育是人类特有的实践活动。任何教育活动都是有目的的,如果没有目的,就不能称为人类的实践活动,也不能称为教育。那么,教育目的是什么呢?所谓教育目的,是指社会对教育所要培养的社会人的素质规格的总概念或总定义。人们的教育活动不是无意识的、盲目的,而是有意识的、有目的的。家庭教育当然也不例外,家庭教育在开展之前都有一定的目的性。家庭教育的目的,是指父母根据自己的生活经验和认识,对教育子女的期望,即家庭培养人(主要是子女)的一般规格和目标。其实质就是通过家庭教育活动和整个家庭教育过程,把孩子培养成什么样的人。家庭教育的目的体现了家庭在教育行为中的教育价值观和主观期望,具有鲜明的个性特征,指导着家长的教育行为,影响着未成年人的成长。

家庭的教育目的并不总是自知的、明确的,也无法进行统一规定。任何家庭的教育者,可能不像学校的教育者那样清楚地知道他们想把孩子培养成什么样的人、具有什么样的素质和能力,但不能说家庭教育的目的不存在。家庭教育的目的不是存在与否的问题,而是正确与否、明确与否、具体清晰与否、笼统模糊与否的问题。家庭教育目的贯穿于家庭教育的整个过程,是家长实践家庭教育的出发点和落脚点。它直接影响家庭教育活动和整个家庭教育过程的效果,决定着家庭教育的方向和成败。家长只有制定了科学合理的家庭教育目的,才能明确教育行动的方向,指导自己的教育行为,做到有的放矢,最终取得预期的效果。此外,家庭教育目的也是凝聚长辈育儿共识、形成育儿合力的关键,只有在同一目的指导下,家庭中的各项教育措施才能有序、协调地进行。

二、确定家庭教育目的的依据

目前,家庭教育目的确定时更多是从家庭利益出发,基于家长的价值观,构建出的理想子女教育目标。由于家庭教育的私密性,家庭的利益和孩子的个人需求是家庭教育的出发点,但家庭教育的目的并不完全由家长决定,它是一种社会意识形态,反映了社会的政治、经济、文化制度和统治阶级的意志。杜威的教育目的论认为儿童是教育的出发点,社会需要是教育的归宿点,在二者之间形成了教育过程[1]。如果家庭教育的目的和社会政治、经济相脱离,和社会生活的需要相悖,这种家庭教育注定要失败,但是具体到每个家庭,其教育目的的确定要受多种因素的制约和影响。

(一) 家庭教育目的受社会因素的制约

1. 社会政治、经济制度

教育目的的制定必须以客观的社会、经济和文化条件为前提和基础,必须根据社会对人的发展和对教育的要求来确定教育目的。不同社会政治、经济制度下的家庭教育有着不同的教育目的。在斯巴达奴隶制下,奴隶主家庭对子女的教育目的是培养忠于统治阶级的英勇强悍的战士。在中国封建社会,家庭教育的目的是培养统治人民的"劳心者"(统治者)和治于人的"劳力者"(劳动人民),既培养有文化的为剥削者、统治者服务的"君子",也培养没有知识、只知道服从统治的"小人",这种教育目的反映了封建社会的要求和封建社会统治阶级的阶级利益。资本主义社会家庭教育的目的,一方面是把资产阶级的子女培养成官员、企业主等人才,另一方面是把劳动人民的子女培养成既能为资本家创造财富,又不会打扰资本家安宁和悠闲的奴仆。社会发展到

---

[1] 杜威. 民主主义与教育[M]. 王承绪, 译. 北京:人民教育出版社, 2001.

今天，中国家庭教育的目的是根据社会政治经济的需要，坚持教育为社会主义现代化建设服务、为人民服务，坚持家庭教育与生产劳动和社会实践相结合，培养德、智、体、美、劳全面发展的社会主义事业建设者和接班人。

2. 社会生产力和科学技术发展水平

家庭教育的目的不仅受社会政治、经济制度的制约，还必须反映时代生产力的特点和科学技术的发展水平。在以机器生产为标志的资本主义社会，资产阶级由于现代化生产的需要，不仅希望自己的子女系统地掌握科学文化和技术知识，以便管理生产和掌握统治权，而且希望劳动人民的子女接受最基本的基础教育和职业技术教育，以便适应现代化生产的需要，因此在这一阶段非常重视能力本位的教育。如今，随着信息和通信技术（ICT）的迅猛发展和广泛应用，人类社会已进入信息化时代，即信息产生价值的时代。按照托夫勒的观点，信息化时代主要以信息技术为主体，重点是创造和开发知识。信息和通信技术的广泛应用深刻影响着现代社会经济运行模式和人类的职业世界。目前经济发展的核心是利用新知识、新理念和新技术实现产品的快速创新和全球贸易。与此同时，随着计算机和电子通信技术的发展，许多人类的工作正在被人工智能取代。人类的经济模式正在迅速转变为全球经济和知识经济，人类社会也正在迅速进入以人类的知识、思想和技术成为商品的知识社会[1]。因此，国内外许多专家提出，信息时代的人才培养要注重核心素养，强调"核心素养"才是培养能够实现自我价值、促进社会和谐发展的高素质国民和世界公民的基础。

3. 家庭所处的社会环境

家庭所处的社会环境也是制约和影响家庭教育目的的重要因素之一。比如，如果生活在知识分子聚集的环境中，家长往往希望孩子好好学习，考上大学，接受高等教育，将来从事脑力劳动；如果生活在相对贫困的农村家庭，家长往往希望孩子通过升学走出农村，注重培养孩子"跳出农门"的素质；如果生活在自然条件好、经济发达、生活富裕的地区，家长往往更注重对孩子理财能力的教育。家庭的社会环境之所以会对家庭教育目的的确定产生制约和影响作用，是因为特定的社会环境也会影响人们的价值观，进而影响家长对人对事的判断和评价能力。虽然这种影响并不直接制约家庭教育目的的确定，但也不容忽视。

(二) 家庭教育目的受家庭因素的制约

1. 家庭的根本利益

家庭教育的目的与生育子女的目的密切相关。在原始社会末期，家庭从公共家庭转变为一夫一妻制的个人家庭。这种转变的根本原因是人们拥有了私有财产，为了让

---

[1] 张华. 论核心素养的内涵[J]. 全球教育展望, 2016 (4): 10-24.

财产有人继承，以免落入他人之手，作为私有财产所有者的男人要求有一个固定的妻子，以便生下确凿无误属于自己的孩子。在子女出生后对其实施家庭教育的目的，自然是更好地继承家产和家业。在以生产资料私有制为基础的社会中，家庭教育的目的就是"继承家业"，即继承和维护家庭财产。

在阶级社会中，不同的家庭所处的地位不同，不同阶级地位的家庭的根本利益也不同。因此，对子女教育的质量规格要求也不一样。剥削阶级的家庭为了维护自己的家庭利益，一般都希望把子女培养成统治阶级所要求的德才兼备的人。例如，中国封建社会的统治阶级家庭一般要求子女参加科举考试，以继续维持和提高家族的统治地位。而劳动人民的家庭一般注重培养和训练子女的谋生劳动能力和勤俭节约的品质。虽然当今社会已不存在剥削阶级，但不同的家庭，如工人家庭、农民家庭、知识分子家庭等，都有自己教育子女的具体目的。虽然每个家庭的具体教育目的不尽相同，如要求子女学经商、学技术、做脑力劳动者等，但都符合家庭的根本利益，或为传宗接代，或为家族兴旺。

2. 家庭教育者的人生经验和思想文化素质水平

家庭教育者的经历、社会生活经验和他们的思想文化素质水平对家庭教育目的的确定有直接影响。他们总是自觉不自觉地把自己的经验或教训渗透到培养和教育子女的目的之中。如汉高祖刘邦年轻时不喜欢读书学习，在领导农民起义之初，他鄙视知识分子，是中国"读书无用论"的鼻祖，但在打天下的过程中，他深得知识分子的好处。因此，他在临死前写的《手敕太子文》中，反复强调要求太子刘盈好好读书，尊重知识分子。

同时，家长思想文化素质的高低，决定了他们对社会生活理解的深度，也决定了他们能为孩子的成长提供什么样的帮助和环境。思想文化素质较高的家长，对社会发展的规律和趋势有较清晰的认识，善于发现社会生活中的复杂现象，更能看清未来社会孩子需要具备哪些素质和能力，因此在为孩子设计未来的发展方向时看得更远，往往能够顺应社会发展的潮流，自觉地为未来社会的需要培养和塑造子女，对子女的要求也更高。而思想文化素质较低的家长，对社会生活的了解比较肤浅，对社会发展前景关注较少，对未来社会对劳动力提出的新要求认识不足，因此，家庭教育的目的往往模糊不清，不知道子女的教育应该朝哪个方向发展，因而比较盲目，对子女的要求较低。而且，家长的思想文化素质也会影响其教育观念。思想文化素质较高的家长更容易掌握科学系统的家庭教育知识，拥有正确的家庭教育观念，认真参与到子女的教育中来，同时为子女的成长创造适宜的环境。研究表明，受过高等教育的父母对教育子女更有信心，较少出现溺爱、专制、忽视、惩罚等行为，从而更多运用说理的方式，给予子女一定的尊重和自由[1]。但思想文化素质较低的家长则意识不到家庭教育的重要性，认为自己不懂教育，把教育孩子的重任交给学校，自己只对孩子的生活负责。最

---

[1] 淘沙，林磊. 3~6岁儿童母亲的教育方式及影响因素的研究[J]. 心理发展与教育，1994，10(3)：40-47.

糟糕的情况是，一些思想文化素质较低的家长，不仅没有做好家庭教育与学校教育形成合力，反而削弱了学校教育的影响。

3. 家庭教育者的职业

家长的职业不同，对子女成长的影响也不同。家庭是孩子成长的第一课堂，父母的职业间接影响着孩子的方方面面。父母的职业不仅决定着家庭的收入水平，也影响着孩子的未来。父母在不同职业中形成的价值观直接制约和影响着家庭教育目的的确立。比如，长期从事文化教育工作的家长，认为这类工作对社会的贡献很大，在社会生活中具有非常重要的地位，这些家长就会全身心地投入其中，不仅自己会为之奋斗终生，也希望自己的子女能够具备从事这类工作的素质。当然，也有的家长从事了某一职业，但由于种种原因对自己的职业不满意，在实践中所形成的价值观念，促使家长确定另外的教育目的，但这同样也说明家长的职业对家庭教育目的如何确定的制约和影响。同时，父母的职业还可以通过家庭经济影响家庭教育目的的确定，因为家庭经济状况可以为某些教育目的的实现提供教育环境和教育能力的支持。因此，父母在选择职业时，应权衡职业对自己和子女的影响，在众多适合自己发展的职业中选择最适合自己和家庭的工作。但是，父母的职业不应该成为子女发挥自身特长和兴趣的绊脚石。

（三）家庭教育目的受被教育者的个人情况制约

1. 受被教育者的身心发展规律的制约

家庭教育的目的总是针对一定年龄段的人而言的，离开具有不同年龄特征和心理特征的人，就无从实现家庭教育的目的。家庭教育的目标应根据不同年龄段儿童的身心发展特点来确定。例如，两三岁儿童的身心发展是儿童发展语言、学习使用工具等的关键时期，也是孩子自我意识进入第一个"心理断乳期"的反抗期，是一个人身心发生质变的时期。这一时期的家庭教育尤为重要，家长要保护和培养孩子的独立意识，规范孩子的思想和行为，对孩子要特别有耐心，不能操之过急。六七岁孩子心理上的主要变化是以游戏为主导活动转变为以学习为主导活动的过程，学习逐渐成为孩子的主要任务，孩子开始真正过集体生活。此时，家长一定要帮助孩子适应新的集体生活，培养孩子良好的学习习惯，帮助孩子身心健康发展。孩子进入青春期后，生理上出现性成熟，第二性征出现，心理上则处于第二次"心理断乳"的反抗期。青春期的孩子有了成人感，发现了新的自我，性格开始内向，进入了闭锁性的阶段。如果家长不转变教育观念和方法，教育就会失败。在这个阶段，家长的教育观念和方法应该与过去不同，重点是帮助孩子的成人感走向成熟。可见，家庭教育的目的必须遵循受教育者的身心发展特点和个体差异，以促进孩子良好个性的发展为目的。如果脱离或超越了受教育者身心发展的规律和特点，家庭教育注定是失败的，其目的也不可能实现。

2. 受教育者的兴趣爱好

卢梭的自然主义教育理论强调教育要顺应自然，符合儿童天性的发展，所以我们的教育要以尊重儿童的兴趣和爱好为基础。兴趣爱好是指个人对某些事物、活动或领域的喜爱和追求。兴趣爱好通常是一种能够带来成就感和幸福感的内在驱动力，是个人自愿选择参与的活动，而不是被迫的任务或义务。因此，家长在对孩子进行教育目标定位时，要了解孩子的兴趣和爱好，根据孩子的兴趣和爱好因势利导。当然，由于孩子还处在成长发育的过程中，他们的兴趣和爱好还不稳定，或不恰当，或不健康。家长应根据不同年龄段孩子兴趣发展的特点，进行适当的引导。

对于幼儿来说，他们好奇心强，往往对很多事物都感兴趣，但这种兴趣往往是肤浅的、短暂的，很快就会转移。因此，对于幼儿的兴趣，家长要多给孩子尝试的机会，但不要急于下定论。很多家长看到孩子对钢琴好奇，就给他买一架钢琴，看到孩子拿起画笔一笔一画，就给他买一块画板，甚至早早开始给孩子报各种特长班。而当孩子的兴趣很快消失时，家长往往很生气，开始严厉批评，逼着孩子继续学，这往往让孩子陷入苦闷的童年，最后对很多事情都失去了兴趣。到了小学阶段，孩子的兴趣开始形成。家长要把孩子的兴趣和所学的知识结合起来，引导孩子把兴趣变成爱好，变成特长，培养和锻炼孩子的智能和优秀品质。比如，孩子对音乐感兴趣，家长可以培养他的鉴赏能力；孩子对绘画感兴趣，家长可以培养他的美感。此时，家长要让孩子明白，要把兴趣转化为技能，成为优秀者，是需要付出心血和努力的。父母需要给孩子陪伴和教育。家长需要给孩子陪伴和鼓励，让他们学会坚持做自己感兴趣的事情，这将对孩子产生终身影响。在中学阶段，家长要让孩子把自己的兴趣与人生目标和理想结合起来。中学生关键要做到人生有目标、做事有计划，有兴趣爱好的孩子更容易找到与自己匹配的人生方向，这种兴趣爱好会给他们未来的职业选择带来明确的指导。因此，家庭教育的目标应该从孩子的兴趣和爱好出发，创造条件进行培养，从爱出发，严爱结合，让孩子健康成长。

总之，家庭教育目的的确定和提出，其依据是多方面的，受多种因素的制约和影响。家庭教育目的是由家长确定和提出的，受到社会因素、受教育者家庭因素和个人因素的制约和影响，是各种因素综合作用的产物。不同的家庭，家庭教育目的虽有所不同，各有特色，有其个性。但也有共同之处，有共性。这共性就是家庭所处的历史时代的时代特征。

三、家庭教育目标确定时需注意的问题

家庭教育的目标定位要在家庭利益的基础上，从实际出发，考虑青少年的身心特点和自身条件，同时考虑社会的需要和可能性，还要考虑孩子的兴趣、爱好、专长等天赋条件，推动家庭教育摆脱应试教育的指挥棒，转向培养具有全面、健康等整体综合素质的人，以适应未来社会的需要。

(一) 目标定位要以孩子为主体，切合孩子的实际情况

有研究表明，中国家长具有亲子一体化意识❶，所谓亲子一体化意识，是指父亲或母亲把子女看作自己生命的延续，把自己的人生理想寄托在子女身上，而不是把自己和子女看作两个独立的个体。亲子一体化心理造成亲子间的界限不清，子女活成了为家长争面子的工具。因此，家长的目标导向往往不考虑孩子的实际情况，"望子成龙""望女成凤"思想严重，对子女的期望存在理想化倾向。我们经常看到孩子对目标敷衍了事，根本原因在于目标是父母赋予孩子的，而不是孩子想要的，孩子心中没有建立相应的目标体系。孩子缺乏目标感，就不会主动去完成父母制定的学习目标。同时，家长的期望要符合孩子的实际情况，才能被孩子理解和接受，从而转化为孩子的目标，成为孩子前进的内驱力，产生巨大的能量，推动孩子不断进步，取得良好的教育效果。因此，在家庭教育目标的定位上要以孩子为主体，了解孩子的生理、心理特点，尊重孩子的兴趣、个性和选择，根据孩子的实际情况确定合适的家庭教育目标。

(二) 目标定位时注重教育孩子德智体美劳全面发展

家庭教育是人生教育的基础，影响着个体的终身发展。虽然家庭教育的目的会因家长、家庭环境和社会环境的不同而复杂多样，但从一般意义上讲，家庭教育的基本目标应该是培养德、智、体、美、劳全面发展、心理健康、人格健全、能适应社会需要、能从社会生活中获得健康快乐的主观幸福感的人❷。家庭教育作为整个国民教育体系的重要组成部分，其宗旨也应与我国的基本教育方针相一致。从中观上讲，家庭进行人口再生产的一个基本目的是希望家庭获得社会的认同，并以此为基础，从社会获得物质和精神需要的满足，让家庭成员获得幸福感。家庭成员要获得满足感和幸福感，就必须能够适应社会的需要，而家庭成员在德、智、体、美、劳等方面的全面发展是最应当具备的基本条件。从微观上讲，儿童成长过程中参与社会竞争的基本条件也是德、智、体、美、劳等方面的素质。总之，德、智、体、美、劳缺一不可，相互渗透，相互影响，有机结合，共同产生作用。家庭教育要努力使孩子的德、智、体、美、劳各方面全面和谐发展，齐头并进，全面提高孩子的主体素质，将孩子培养成为德才兼备、符合未来社会需要、能从社会中获得健康快乐的人。

(三) 目标定位要考虑社会需要，避免功利化倾向

人是一切社会关系的总和，人不能也不应该长期离群索居。人必须认识社会、参与社会、服务社会。换言之，人必须社会化。家庭作为儿童社会化的最初和最重要的场所，应根据现代社会的新特点和新需求来确定家庭教育的目标。目前，父母在为子女规划未来时，表现出强烈的功利主义倾向。他们往往优先考虑那些经济待遇好、社

---

❶ 桑标，唐剑. 父母意识的结构与内涵初探 [J]. 心理科学，2000，23 (3): 279-284.
❷ 赵雨诺，马香莲，徐梦鑫. 陶行知的家庭教育思想及其当代价值 [J]. 生活教育，2023 (19): 4-10.

会地位高的职业，却没有意识到行行可以出状元。家长应该认识到，一个庞大社会体系的正常运转，需要不同层次、不同分工的职业有机结合，而其中职业地位高的只是少数。因此，家长更需要做的是帮助孩子认识劳动关系的经济规律，处理好职业选择与生存发展的关系，使他们在这个充满机遇和激烈竞争的社会中能够树立正确的职业理想。

同时，注意个性与职业协调一致。家长在为孩子确立职业理想做参谋时，应从孩子的个性特点出发，了解孩子的特长和爱好，知道孩子能做什么，应该做什么，帮助孩子找到自己擅长的领域去深入发展，这样才更有利于孩子成才。家长应该清楚，在家庭教育中，培养孩子成为什么样的人，远比培养孩子从事什么样的职业重要得多。

（四）目标定位要与学校教育、社会教育功能互补，做好家校社协同育人

在人类的教育体系中，家庭教育在教育过程中起着基础性作用，它既决定了学校教育的起点和水平，也决定了社会教育的基点和发展；学校教育是主体系统，它对家庭教育起着辅助和引导作用，对社会教育起着支撑和优化作用；社会教育是人文性体系，它为家庭教育提供环境和挑战，为学校教育提供反馈。三者相互联系，无法替代，完整统一[1]。国家教育改革日新月异，学生核心素养的培养，关系到未来人才培养的方向性，关系到中华民族的伟大复兴。因此，必须形成全社会的共识和方向，只有三者紧密配合，功能互补，才能完成这样的育人任务。

核心素养的培养已成为当前教育领域的重要议题，用核心素养来梳理家庭教育培养目标，可以矫正过去"重知识、轻能力、忽略情感态度和价值观的教育偏失"。因此，应形成以核心素养为导向的家庭教育目标，在教育功能的发挥上和学校教育相互补充、相互促进。"核心素养"以"全面发展的人"为核心，以文化基础、自主发展和社会参与为导向，涵盖了适应终身发展和社会发展的品格和能力。这些确定性的知识与能力，可以帮助家长更好地实施家庭教育，帮助孩子认识并成为自己，同时也能够有效消除孩子的不安情绪，以更加冷静、乐观的态度面对不可预测的将来，从而更有可能获得幸福。家庭教育的终极目标就是促使每一个人能够全面而有个性地发展，具备终身幸福能力。

第二节　新时代的家庭教育观

观念是行为的先导，家庭教育观念正确，教育行为就不会出现偏差。时代的变化和发展促使人们需要更新家庭教育观念，在当前的信息时代，家庭教育中提升儿童的

---

[1] 卜蝴蝶. 同频共振，营造家校共育新样态——学生健康成长系列线上圆桌论坛实录（12）[J]. 教育家，2023（S01）：56-60.

核心素养非常重要。家庭教育应去功利化，回归育人本质，因此，必须将立德树人的根本教育理念深入每一个家庭，让立德树人的教育理念和正确的家庭教育观深入人心，并努力贯彻和践行。

一、确立起以儿童为本的现代家庭儿童观

"儿童观"是成人社会如何看待儿童的看法以及如何对待儿童的主张。家长如何正确看待儿童，是家庭教育的前提，直接影响着亲子关系、教育观念和教育实践。以儿童为本位是现代教育的逻辑起点，也是家庭教育的逻辑起点。因此，家庭要确立起以儿童为本的现代家庭儿童观，即家长要树立正确的儿童观，尊重儿童的主体地位，保护儿童的权利，促进儿童全面发展。

（一）儿童为本是新时代的儿童观

新时期以"儿童为中心"的儿童观包括以下基本立场：其一，儿童就是儿童，不是"小大人"；儿童有自己的发展阶段，有自己独特的生理、心理发展特点，不能等同于大人。在卢梭看来，"在万物的秩序中，人类有它的地位；在人生的秩序中，童年有它的地位；应当把成人看作成人，把孩子看作孩子"[1]。因此，家长要走进儿童的世界，学会从儿童的立场来理解儿童；其二，儿童是一个自我生命的主体，是一个独立的个体，他不依附于任何人，也不从属于任何人，他有自己的权力和地位。蒙台梭利说："儿童不是一个事事都被动依赖我们的呆滞小生命，也不是一个需要我们去填充的空的容器。不是的，是儿童创造了成人。不经历童年，不经过儿童的创造，就不存在成人"[2]。其三，儿童的发展具有个体差异，受遗传和环境的交互影响，要注重因材施教；其四，儿童不是一张白纸，儿童是具有能动性和潜能的主体。因此，我们在引领儿童发展时，要用科学的方法，我们既要尊重和信任儿童，又要严格要求儿童的"自然性""个性"和"社会性"高度统一，"提倡保护天性，尊重个性，培养社会性，使教育真正促进儿童的发展"[3]。

（二）尊重和保护儿童权利

现代儿童观不仅关注儿童对社会的价值，也关注儿童因为弱小而需要被保护这一事实。更重要的是，它并不因为儿童是弱者而蔑视他们，而是将他们视为有能力的、积极的权利主体，他们可以行使自己的权利。《儿童权利公约》揭示儿童是享有充分权利的人，他们不是父母的附属品，也不是任何决定的被动接受者。儿童的基本权利可以概括为生存权、受保护权、发展权和参与权，也就是说，每个儿童都享有固有的生

---

[1] 卢梭. 爱弥儿[M]. 彭正梅，译. 上海：上海人民出版社，2011.
[2] 蒙台梭利. 有吸收力的心理[M]. 江雪，译. 天津：天津人民出版社，2003.
[3] 于伟. 教育就是要保护天性、尊重个性、培养社会性[J]. 中国教育学刊，2017（3）：79-82.

命权、健康权和基本生活保障权；享有各种保护、不受伤害、不受歧视、不受虐待和受尊重的权利；享有充分发展自己的全部身心能力、实现自己的生活和社会价值的权利；享有参与家庭、文化和社会生活的权利。家庭是实现和保障儿童权益的第一责任主体，父母应有保护子女免受各种伤害的意识和能力。但是，这并不意味着父母要放弃自己作为父母的权力，对子女言听计从，从而使子女变得自以为是、过分自我，不懂得与他人平等相处、相互合作。家庭教育是要帮助孩子成长，让他们变得坚强，实现自己作为人的价值，享受作为人的尊严。

（三）以儿童发展为本

保障和实现儿童权益的过程，实际上就是促进儿童发展的过程，树立以儿童为本的理念，从根本上说就是要树立以儿童发展为本的理念，坚持辩证地看待儿童发展观。一方面，要把儿童的发展利益放在首位。以儿童为本的发展观要求坚持"儿童优先"和"儿童利益最大化"的原则，把儿童的发展利益放在家庭生活和社会生活的首位。当然，"儿童利益最大化"并不意味着家庭其他成员利益的最小化，更不能损害家庭其他成员的利益。有调查显示，51.6%的家长表示存在"重孩子轻老人"的现象❶。这种现象的存在，不仅意味着老人利益被剥夺，也不利于孩子的成长。另一方面，要坚持全面发展的基本方向。在2018年全国教育大会上，习近平总书记提出要在"坚定理想信念""厚植爱国主义情怀""加强品德修养""增长知识见识""培养奋斗精神""增强综合素质"等方面下功夫，要加强德育、体育、美育、劳动教育，这是对学校教育和家庭教育提出的共同要求，目的是坚持立德树人、全面发展的基本方向，防止和反对各种形式的片面发展、异化发展。

二、确立起父母为主体的现代家庭家长观

《中华人民共和国家庭教育促进法》规定，父母或其他监护人要承担起家庭教育的主体责任。因此，家长要责无旁贷的履行起这个责任，明确自己在孩子成长过程中的角色定位，提升自己的知识、能力和人格素养，确立起"教育有智慧、交往有魅力"的家长观。

（一）父母是教育子女的第一责任人

《中华人民共和国宪法》《中华人民共和国民法典》《中华人民共和国未成年人保护法》《中华人民共和国教育法》《中华人民共和国家庭教育促进法》等一系列法律法规规定，父母是孩子的法定监护人，是实施家庭教育的责任主体，教育子女是其天经地义的责任。父母应充分认识到，无论子女处于哪个成长阶段，无论子女就读于哪所学校，父母都是教育和管理子女的第一责任人，绝不能将教育子女的责任全部推给社会

---

❶ 洪明，中国青少年研究中心. 回到家庭谈德育［M］. 北京：中国青年出版社，2014.

和学校,或将教育责任转嫁给家庭和社会的其他成员。父母应充分认识到,早期家庭教育为学校教育和社会教育奠定了基础,学校教育的有效性需要家庭的配合才能得以实施,而父母自己则是孩子成长的终身"老师",在孩子成长的不同阶段扮演着不同的教育角色。

(二) 父母的角色和责任

父母作为孩子的第一任老师,他们对待孩子的方式、行为态度等都会受到角色关系的影响,不同的角色定位决定了他们在家庭中的权利、义务和行为模式的不同,进而影响孩子的人格发展。因此,在家庭教育中正确定位父母的角色,有利于培养身心健康的未成年人。

1. 保护者的角色与责任

父母是孩子的第一监护人,需要切实承担保护未成年人的责任和义务。父母要切实担负起保证孩子身心健康、营养充足、生命安全等各方面的责任。

2. 陪伴者的角色

孩子在身心发展的关键时期,需要父母耐心的陪伴,陪伴对孩子的身心健康、成长和学习都具有重要影响。父母要尽可能多地、有质量地陪伴孩子。一方面,有质量的陪伴要先保证陪伴强度或陪伴时间,另一方面,有质量的陪伴要保证陪伴的质量。我们可以从以下六个方面提高陪伴的质量,尽好陪伴义务:建立健康的亲子依恋关系,选择合理的养育方式,发挥陪伴的作用,进行开放式家庭叙事交谈,共同参与家庭日常活动,通过亲子互动发现孩子的最近发展区并为孩子搭建脚手架等。

3. 养育者的角色

我们所理解的养育角色,更多的是为子女提供衣食住行、安全等基本的成长条件,这是父母对子女的抚养行为,但不是家庭教育本身。家庭中的养育过程包括抚养和培育两个方面。抚养行为是家庭教育的基础,但还应注重对孩子的培育,家长应关注孩子的身心发展,强调充分发挥孩子的禀赋,在家庭生活中对孩子进行教育。

4. 引导者的角色与责任

父母作为孩子的引导者,一方面要顺势而养——理解孩子的自然发展规律,要顺应孩子自然的发展,要根据其自然发展的差异性和顺序性适时施教;另一方面要乘势而育——要更好地了解孩子的发育优势和潜能,以优势领域带动孩子的全面发展,给孩子发挥潜能提供可能。

5. 教育者的角色与责任

作为孩子的教育者,父母应该用正确的思想、方法和行为引导孩子养成良好思想、品行和行为习惯。父母对孩子的教育应是全面的，包括道德教育、智慧启迪、健康教育、审美教育、劳动教育等。同时，家庭教育要注重品德的培养和人格的塑造，在孩子的幼年时期就要在他们的心灵中植入自律、利他、向善的种子，让他们懂得善待自己，也善待集体。

(三) 确立起"教育有智慧、交往有魅力"的家长观

1. 家庭教育智慧是家长在促进子女成长过程中形成的综合性实践能力

家庭教育智慧是凝聚着家庭教育知识、情感和技能的综合性经验和能力[1]。家庭教育智慧体现在以下两个方面：

（1）洞察和了解子女的能力。家长了解和洞察子女的所思、所想、所盼、所难，对提高家庭教育的实效性具有重要作用。洞察和了解子女的目的不是窥探子女的隐私，而是促进子女的健康成长，提高作为子女监护人和培养人的教育的针对性。因此，家长可以从以下两个方面提高洞察和了解孩子的能力：一是主动走近、亲近孩子。家长应主动走近孩子，关心孩子，努力参与孩子的活动，为孩子创造和谐愉快的交往环境，消除孩子对家长的逆反心理，让子女在无意识的聊天中，在随意性的活动中表达自己的真实情感和观点。二是全面观察子女的言行和思想。父母要擅长做观察子女的有心人，要在日常的衣食住行中观察孩子的一般表现与异样表现。

（2）抓住教育契机，分析问题和解决问题的能力。如何面对矛盾和问题进行合理的分析和化解，是家长的另一种智慧与品质。

所谓分析问题的能力，主要是家长对获取的信息进行分析和概括，做出切合实际的分析和判断，找到发生问题的原因的能力。提高家长分析问题的能力，首先，要求家长要养成全面看待问题的习惯，要从孩子的生活、学习、交往、情绪、身体等各方面去分析和思考问题。其次，要求家长要具备丰富的家庭生活经验和理性的反思能力。

所谓解决问题的智慧，是指家长针对子女教育和生活中的问题，通过一定的方式和方法，采取一定的措施和手段，促使孩子思想转化、行为改变和进步的技能和技巧。处理问题的智慧首先表现为理性。孩子身上出现的问题表现和原因复杂多样，要求家长要避免极端，既不能袒护、护短，又不可草木皆兵。处理和解决问题的智慧还表现为耐心，要求家长面对问题要有耐心、有恒心、有信心，通过长期观察、自己分析，耐心帮助，持之以恒地关注孩子的成长。抓反复，反复抓，促进子女健康成长。

2. 家长的人格魅力和威望是成功家庭教育的先决条件

家长的人格魅力是家长的威信和权威，是孩子发自内心的一种意志服从，不同于外在压力下的意志服从。家长的人格魅力主要体现在孩子对家长的尊敬、爱戴和信任，能够自觉自愿地接受和听取家长的建议，甚至善于揣摩家长的心理和看法，不断迎合

---

[1] 缪建东. 家庭教育学 [M]. 北京：高等教育出版社，2015.

家长的意愿和意见。当然，这种揣摩和迎合是建立在家长良好的人品和人格修养基础上。家长的人格魅力和个人威信是孩子成长的无形教育力量，是孩子改正错误、促进发展的内在动力。正如马卡连柯所说，威信本身的意义在于它不需要任何论证，而在于它是长者不容置疑的力量和资望。家长的人格魅力和威信不是建立在强制和权力的基础上，而是建立在平等民主的亲子关系上，建立在孩子的尊重和信任上。父母要树立良好的人格魅力和威信，需要注意以下几个方面：首先，要改变权威式、命令式的家庭教育方式；其次，要注意在细节上为子女树立良好的榜样；最后，父母要与子女建立民主、平等的关系。

三、确立起以"素养"为核心的成才观

家长的成才观是指家长本人对人才价值的理解，它影响父母对子女成长的价值取向，也影响到其对孩子的职业、受教育程度的期望[1]，由此影响着家庭教育的重点。成才观主要涉及：家长的人才价值取向；家长对孩子的期望（职业、地位、权利、受教育程度、社会声望、成绩、收入等）；人才培养途径三个方面。

(一) 现代社会催生了以"素养"为核心的人才观

回顾人类教育发展的历史，我们可以发现，在传统的农业经济社会中，无论是东方的孔子还是西方的苏格拉底，对于人才的标准，高尚的品德始终是人才培养的第一标尺。在那个历史时期，教育还是一种奢侈品，能够接受教育的人，或者被学校教育培养出来的人都是"仕"或"王"，因此"德"是教育的核心目的；随着历史的车轮进入近代工业社会，人才培养的标准开始注重"能力"，同时产生了现代学校制度和班级授课制度。这种教育目的观的形成，与工业时代对人才的需求是高度一致的。当前，人类正迈入以全球化、信息化、知识创新为基本特征的信息时代，文化哲学启示我们，这个时代对人才培养的要求提高了，它必然内涵着德性与能力，这就是我们今天所倡导的"素养"。信息时代对人才标准的定义，已经从传统的"德"和"能"演变为综合的"素养"。深刻审视这个时代的特征，它带给了人们生活方式的极大改变，更加方便、快捷，同时它也对教育提出了巨大的挑战。家长也应及时更新成才理念，形成与社会相适应的以"素养"为核心的正确人才观。

1. 确立起为国教子的观念

中国自古就特别强调治家对治国的重要。《礼记·大学》指出："所谓治国必先齐其家者，其家不可教而能教人者，无之。……一家仁，一国兴仁；一家让，一国兴让。"历史和现实告诉我们，国家的前途命运同家庭教育紧密相关。因此，每个家庭都

---

[1] 俞国良，辛涛. 社会认知视野中的家长教育观念研究[J]. 华东师范大学学报：教育科学版，1995，13 (3)：87-93.

要树立为国教子的观念,把子女看成是中华民族的未来,而不是私人财产。新时代家庭教育要在培养孩子理想信念、爱国情怀、品德修养、知识见识、奋斗精神、增强21世纪核心素养等方面下功夫,在践行责任、亲情、忠诚、奉献等理念下,在推动为家庭谋幸福、为他人送温暖、为社会做贡献的过程中,提高精神境界、培育文明风尚,让家庭教育成为培育和践行社会主义核心价值观的基点,肩负起社会和谐进步的使命。

2. 树立正确的人才观

(1) 行行出状元的人才观。中国古语云:"三百六十行,行行出状元。"社会发展对人才的需求是多元化的,随着社会分工的细化,人才的类别也越来越丰富;社会对人才的需求也是多层次的,不仅需要掌握各种现代科技的领军人才、高级专业人才和创新人才,还需要各类普通专业人才和实用技能型人才。社会需要每个人都立足本职岗位为社会做贡献。

(2) 人人能成才的人才观。每个人都有自己的兴趣、爱好、特长和梦想,都可以从自己的实际情况出发,选择适合自己的成才之路,选择不同的岗位,在不同的岗位上展现自己的风采,创造价值,走向成功,为社会贡献自己的聪明才智。同时,每个人都有巨大的潜能,人才培养的过程就是充分挖掘每个人潜能的过程,让每个人的潜能都能得到最大的释放。

(3) 终身学习的人才观。现代社会知识更新的速度越来越快,对人的要求越来越高。对每个人来说,要"学会生存"首先就要学会学习。父母应该认识到,人生是一次几十年的长跑。今天的先进与落后,不等于明天的先进与落后,更不等于未来的先进与落后,孩子的一生是一个终身学习、终身发展的过程。"欲速则不达",每个孩子的成才都有其特殊性,只要选择正确的方向并不断努力终将会得到成功。

目前最好的做法是给孩子设计尽可能宽广的人生道路,多元化的成长道路模式更符合现实情况,也更适用于未来的社会生活。

(二) 父母建立合理的教育期待

父母对子女寄予一定的期望,是父母对子女的一种关爱和鼓励,是培养子女自信心的主要渠道。所以,家长对孩子要有期望,避免随波逐流、放任自流、不求甚解的现象。同时,期望要适度,切忌攀比、跟风、拔苗助长。合理的教育期望会使孩子不断进步,但过高的期望会成为孩子的负担,影响孩子的健康成长。因此,家长要从实际出发,合理定位对孩子的期望值,这样才能更好地促进孩子健康快乐地成长。

1. 了解孩子的个体差异

每个孩子都有自己独特的优势和兴趣。家长应了解孩子的能力、天赋和兴趣,并据此确定自己的期望。不同的孩子可能有不同的潜能和发展方向,家长应尊重和支持他们的个性发展,切勿将自己的主观愿望强加给孩子。

2. 培养适应能力和自信心

家长可以鼓励孩子充分发挥潜能，追求自己感兴趣的事物。根据孩子的发展阶段和能力水平来设定期望，避免施加过高或过低的压力。营造积极的学习环境，鼓励孩子尝试新事物、克服困难，并从失败中学习。

3. 均衡发展

目前除了关注学习成绩，家长还应关注孩子的全面发展。鼓励孩子参与体育、创意艺术和社交活动等领域，培养他们多元化的技能和兴趣。家长可通过提供各种学习机会和资源来支持孩子的兴趣发展，但不要过分强调特定的领域或成绩。

4. 适度挑战与支持

根据最近发展区的理论，为孩子设定适度的挑战有利于他们的学习和成长，最好的期望值就是让孩子稍加努力之后就能实现。同时，在设定期望时，要为孩子提供适当的支持和资源，帮助他们完成任务和克服困难。家长应该了解孩子的能力，并在其舒适区之外激发他们的努力和进步。

5. 强调努力和进步，而不是完美

家长应鼓励孩子注重努力和进步，而不是过于追求完美。制定切实可行的目标，并帮助孩子制订合理的计划和策略来实现这些目标。重要的是要教导孩子努力和坚持的价值，鼓励他们从错误中学习和成长。

总之，家长对子女的期望要合理，要考虑到他们的个体差异、发展阶段和兴趣爱好。重要的是，要给孩子适度的挑战和支持，鼓励他们全面发展，并注重培养他们的适应能力、自信心和积极的学习态度。

四、确立起"民主平等、共同成长"的现代家庭亲子观

"亲子观"指家长对子女同自己关系的基本看法以及教养动机。包括家长与子女的关系以及家长的教养动机两个方面。

1. 建立民主平等的亲子观念

我们在家庭教育中倡导建立民主、平等、互信、和谐的亲子关系，民主和平等是良好亲子关系的两个基本点。家庭坚持民主、平等意味着家长需放下自己作为家长的姿态，将儿童看成一个独立的个体，充分地尊重孩子，并在此基础上给予他教育和引导。民主意味着每个人，无论年龄大小，都有权表达自己的意见，参与家庭生活和管理。具体来说，就是父母要尊重子女，也要教育子女学会尊重父母和他人，这是一种双向的相互尊重。平等是民主的基础和前提。所谓平等，就是父母与子女在人格、精

神、地位等方面都是一样的,不应有高低贵贱之分。孩子虽然是父母生的,但他的人格与父母是平等的,即使他刚刚出生。因此,父母应营造民主的家庭氛围,平等对待子女,关注他们的感受和情绪。此外,父母不要把自己的意志强加给孩子,要多倾听,尊重孩子的想法,让孩子自己做出选择和决定。在这样的家庭氛围中,孩子会更加独立自主,有自己的主见,懂得自我管理,自我负责。

2. 确立亲子间共同成长的理念

亲子教育,并不是单纯地指父母对孩子的教育。家长应该意识到,亲子教育既包含对孩子的教育,也涵盖了自我的提升,亲子教育是亲子共同教育的过程。因此,在教育孩子时父母应抱着共同提高的原则,即在家庭教育中父母必须通过教育孩子而教育自己,与孩子共同成为家庭教育过程中发展、成长的主体,通过提高自身的素质和水平而教育孩子,通过教育孩子、向孩子学习又反过来提高自身的素质水平、经验学识,成为更好的自己,从而构成相互促进的良性循环状态。同时,家长承认孩子自身的价值,教养孩子的动机是为了孩子,而不是自己。好的家庭教育是帮助孩子成为他自己,帮助他不断成长,不断超越自己,更幸福地活着,能够做到这样的家庭教育,就是成功的家庭教育。好的亲子教育,父母会因为自己的孩子而爱这个世界,孩子也会因为自己的父母而更爱这个世界。

第三章
核心素养导向下的家庭教育内容和任务

核心素养作为教育新的出发点，被置于国家深化课程改革，落实立德树人目标的基础。那么，核心素养到底是什么？为什么会被放在如此重要的位置？我们家庭可以如何培养孩子的核心素养？这是本章将要探讨的问题。

第一节 核心素养概述

核心素养体系的提出，并非我国单独的声音，而是教育变革和发展的一种世界趋势。要形成教育合力，就需要家长们深入了解下核心素养提出的时代背景和相关信息。

一、核心素养提出的时代背景

目前，我们正处于全球化进程中。全球化首先是经济全球化，而经济全球化必然导致资源、技术和资本流动的全球化，进而导致人才的全球化流动、竞争与合作。与此同时，经济全球化也伴随着文化的全球化。随着各国之间技术、资源和资本交流的日益频繁，不同的文化之间也增强了互动，跨民族、跨国界的文化传播与文化交流加剧。在文化"融合"与"互化"的过程中，培养能够理解和尊重文化差异、包容文化多样性的新时代人才已成为必然趋势。此外，各国和各地区还面临着共同的全球化问题和挑战，如资源逐渐枯竭和有限化、环境恶化和生态危机、老龄化等，这些问题和挑战严重威胁着人类的生存和发展。对此，世界各国和各地区纷纷通过建设知识型社会、推动科技创新、构建社会共同体等方式来应对。因此，全球化时代对个人以全球视野适应社会发展的能力，以及拥抱多样性、合作与创新的能力提出了新的要求和挑战。

近十年来，信息通信技术的迅猛发展和广泛应用，推动人类社会进入了信息时代。人类社会正从大机器、大工业、密集生产线的传统工业模式向以信息技术为主导的知识社会和信息时代过渡。现有的低级技能工作逐渐被信息技术取代，人们对能够实现人与人之间高度协调与合作的综合技能的需求越来越大。这意味着信息时代的经济和职业模式将不可避免地出现高智能和一体化的趋势。在未来的信息时代，非常规的人际交往能力和非常规的分析能力将成为主要的职业技能，而传统的认知能力必然会被信息技术取代。因此，未来的孩子必须从过去以学科和知识结构为主的思维模式，转变为能够主动适应数字化环境的自我发展能力[1]，面对新形势、新挑战，具有开拓创新和积极行动的能力。总之，新时代需要着力培养人才的关键素养和综合能力，核心素养正是在这样的时代背景下应运而生，并在国际上掀起了以素养为核心的新一轮教育和课程改革。

二、核心素养的概念界定和特征

（一）有关核心素养的概念界定

在界定"核心素养"时，我们必须首先明确"素养"的含义。经济合作与发展组织（OECD）从1997年开始的一项为期近9年的专题研究："素养的界定与选择：理论和概念基础"（Definition and Selection of Competencies: Theoretical and Conceptual Foundations，简称DeSeCo项目）提出了"素养"的主要观点。该专题研究认为"素养"是个人在特定环境中成功应对复杂情境的要求和挑战、获得成功和优质生活所需的品质。"素养"是一个"包含认知、技能和情感的综合概念"，是可以习得、传授和训练的，它不仅包括能力，还考虑到一个人的综合素质，尤其是道德伦理方面的要求。因此，素养是知识、能力和态度的有机结合。其中，最关键、最必要、最核心的素养被称为"核心素养"，因此，"核心素养"是每一个想要过上成功的生活、能够在社会中发挥作用所必须具备的"关键能力"，是不可或缺的"关键素养""必要素养""重要素养"。发达国家通过对核心素养的研究，普遍认为核心素养对人的成长和发展尤为重要，是多种技能的综合体现。

在我国，关于"核心素养"的研究与讨论起步较晚，对于"核心素养"的定义不一，目前比较官方的定义来自2014年《教育部关于全面深化课程改革落实立德树人根本任务的意见》（以下简称《意见》），其对于"核心素养"的界定是"学生应具备的适应终身发展和社会发展需要的必备品格和关键能力，突出强调个人修养、社会关爱、家国情怀，更加注重自主发展、合作参与、创新实践。

---

[1] 辛涛，姜宇.以社会主义核心价值观为中心构建我国学生核心素养体系[J].人民教育，2015(7): 26-30.

(二) 核心素养的特征

1. 核心素养具有共同性

核心素养是指每个社会成员为了成功地生活和工作而需要掌握的基本知识、能力和态度，它面向所有社会成员，也是每个儿童走向成功、适应个人终身发展和社会发展所需要的共同的、不可或缺的素养。

2. 核心素养具有发展性

核心素养的形成不是一蹴而就的，而是具有终身的连续性，是在成长过程中不断发展和完善的。同时，在人生的不同阶段，个体的关注点也不尽相同，在不同的教育阶段（小学、初中、高中、大学等），对某些核心素养的培养也有不同的敏感度。另外，发展性还体现在发展儿童核心素养必须尊重儿童身心发展规律，根据儿童发展的敏感期，合理设置发展目标。

3. 核心素养可教可学

核心素养不是与生俱来的。相反，它们是通过教育形成的知识、能力和态度。因此，核心素养主要是后天学习的结果，可以通过各种类型的教育活动来培养。培养过程要注重儿童的自主探究和自我体验，依靠儿童自己在实践中探索、积累和感悟。

三、关于核心素养框架构建的研究

当前国际组织和各国（地区）都建立了结构完整的核心素养体系，以此来推动基于核心素养的教育改革。梳理国际上学生核心素养的结构框架，可以概括为以下几种，即并列交互型、整体系统型、同心圆型。

经济合作与发展组织的"素养的界定与遴选"项目（Definition and Selection of Comptencies, DeSeCo）所建构的核心素养为并列交互型（表3-1）。该项目认为，要保障人的成功生活与健全社会的建设，个体必须具备三大核心素养：能互动地使用工具、能在社会异质团体中互动、能自主行动，即人与自己、与工具、与社会，这三大核心素养尽管各有其核心内容，但素养本身的社会复杂性使三者之间依然相互关联。DeSeCo项目是早期建立学生核心素养模型的项目之一，影响较广。经济合作与发展组织大部分的成员，包括一些非经济合作与发展组织成员也采用了这一理论模型来建构本土化的核心素养，如澳大利亚、新西兰等国和我国的台湾地区。

表 3-1 DeSeCo 项目的学生核心素养模型

素养分类	关键素养
互动地使用工具	1. 互动地使用语言、符号与文本 2. 互动地使用知识与信息 3. 互动地使用技术
在社会异质团体中互动	1. 与他人建立良好的关系 2. 团队合作 3. 管理与解决冲突
自主行动	1. 在复杂的大环境中行动 2. 形成并执行个人计划或生活规划 3. 保护及维护权利、利益、限制与需求

美国"21世纪核心素养"的结构是整体系统型。美国"21世纪核心素养"融入21世纪学习体系，主要包含三个部分，形成一个彩虹形状（图3-1）。彩虹外环呈现的是学生学习结果的内容，即核心素养的指标成分，其主要包括"学习与创新技能""信息、媒体与技术素养""生活与职业素养"三个方面，主要描述的是学生在未来工作和生活中所必须掌握的技能、知识和专业技能。"21世纪核心素养"以需求为导向，选取了适应未来社会和终身发展的核心素养，各个核心素养同等重要，之间没有严格的逻辑关系，而促进素养形成的是一个整合的庞大的支持系统。许多以需求为导向的国际组织、国家或地区也采用了这一结构，如联合国教科文组织、欧盟等。

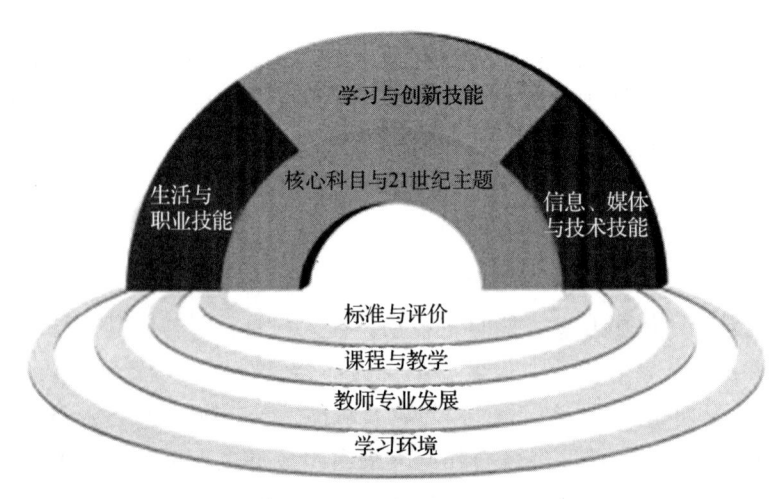

图 3-1 美国 P21 的 21 世纪学习框架

新加坡学生核心素养模型结构是同心圆型（图3-2）。该模型结构共三个维度，以"社会主义核心价值观"为核心，发展出与"完善自我"相关的能力素养和"未来社会"所需要的素养，其中"核心价值观"处于核心地位，指导其他维度。

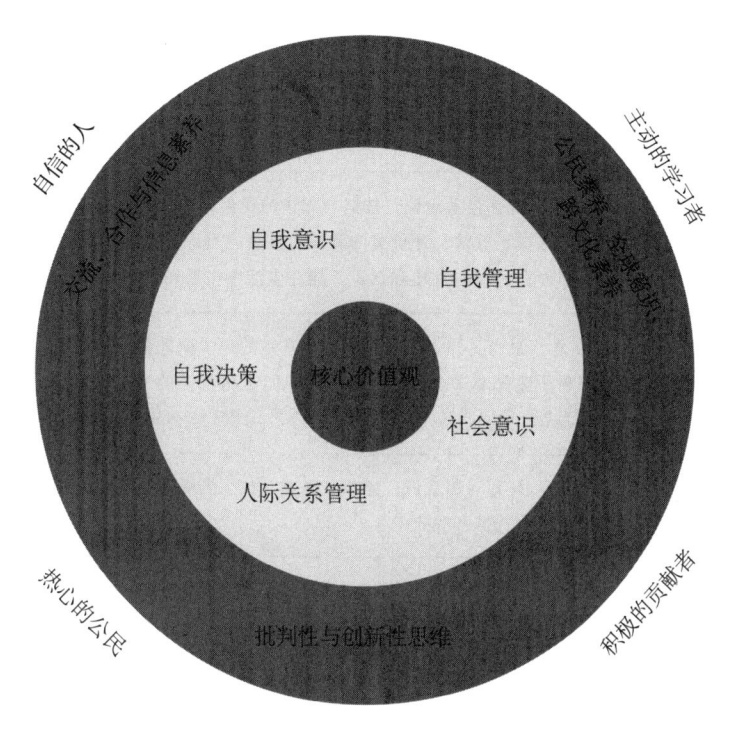

图 3-2　新加坡学生核心素养模型

四、中国学生核心素养的框架结构

2016年9月13日，《中国学生核心素养研究报告》在北京师范大学正式发布，核心素养课题组的专家们以"科学性、时代性和民族性"为基本原则，以"培养全面发展的人"为核心，着眼于立德树人，充分反映新时期经济社会发展对人才培养的新要求，高度重视中华优秀传统文化的传承与发展，系统落实社会主义核心价值观。这个报告被业内人士誉为课程改革的关键，新课标的源头、中高考的风向标、家庭教育的指南针。

中国学生发展核心素养以"培养全面发展的人"为核心，分为文化基础、自主发展、社会参与三个方面，综合表现为人文底蕴、科学精神、学会学习、健康生活、责任担当、实践创新六大素养，具体细化为人文积淀等18个基本要点。各素养之间相互联系、相互补充、相互促进，在不同情境中整体发挥作用。详情见表3-2。

表 3-2 中国学生核心素养

核心素养		基本要点	主要表现描述
文化基础	人文底蕴	人文积淀	重点是：具有古今中外人文领域基本知识和成果的积累；能理解和掌握人文思想中所蕴含的认识方法和实践方法等
		人文情怀	重点是：具有以人为本的意识，尊重、维护人的尊严和价值；能关切人的生存、发展和幸福等
		审美情趣	重点是：具有艺术知识、技能与方法的积累；能理解和尊重文化艺术的多样性，具有发现、感知、欣赏、评价美的意识和基本能力；具有健康的审美价值取向；具有艺术表达和创意表现的兴趣和意识，能在生活中拓展和升华美等
	科学精神	理性思维	重点是：崇尚真知，能理解和掌握基本的科学原理和方法；尊重事实和证据，有实证意识和严谨的求知态度；逻辑清晰，能运用科学的思维方式认识事物、解决问题、指导行为等
		批判质疑	重点是：具有问题意识；能独立思考、独立判断；思维缜密，能多角度、辩证地分析问题，作出选择和决定等
		勇于探究	重点是：具有好奇心和想象力；能不畏困难，有坚持不懈的探索精神；能大胆尝试，积极寻求有效的问题解决方法等
自主发展	学会学习	乐学善学	重点是：能正确认识和理解学习的价值，具有积极的学习态度和浓厚的学习兴趣；能养成良好的学习习惯，掌握适合自身的学习方法；能自主学习，具有终身学习的意识和能力等
		勤于反思	重点是：具有对自己的学习状态进行审视的意识和习惯，善于总结经验；能够根据不同情境和自身实际，选择或调整学习策略和方法等
		信息意识	重点是：能自觉、有效地获取、评估、鉴别、使用信息；具有数字化生存能力，主动适应"互联网＋"等社会信息化发展趋势；具有网络伦理道德与信息安全意识等
	健康生活	珍爱生命	重点是：理解生命意义和人生价值；具有安全意识与自我保护能力；掌握适合自身的运动方法和技能，养成健康文明的行为习惯和生活方式等
		健全人格	重点是：具有积极的心理品质，自信自爱，坚韧乐观；有自制力，能调节和管理自己的情绪，具有抗挫折能力等
		自我管理	重点是：能正确认识与评估自我；依据自身个性和潜质选择适合的发展方向；合理分配和使用时间与精力；具有达成目标的持续行动力等

续表

核心素养	基本要点	主要表现描述
社会参与	责任担当 / 社会责任	重点是：自尊自律，文明礼貌，诚信友善，宽以待人；孝亲敬长，有感恩之心；热心公益和志愿服务，敬业奉献，具有团队意识和互助精神；能主动作为，履职尽责，对自我和他人负责；能明辨是非，具有规则与法治意识，积极履行公民义务，理性行使公民权利；崇尚自由平等，能维护社会公平正义；热爱并尊重自然，具有绿色生活方式和可持续发展理念及行动等
	责任担当 / 国家认同	重点是：具有国家意识，了解国情历史，认同国民身份，能自觉捍卫国家主权、尊严和利益；具有文化自信，尊重中华民族的优秀文明成果，能传播弘扬中华优秀传统文化和社会主义先进文化；了解中国共产党的历史和光荣传统，具有热爱党、拥护党的意识和行动；理解、接受并自觉践行社会主义核心价值观，具有中国特色社会主义共同理想，有为实现中华民族伟大复兴的中国梦而不懈奋斗的信念和行动
	责任担当 / 国际理解	重点是：具有全球意识和开放的心态，了解人类文明进程和世界发展动态；能尊重世界多元文化的多样性和差异性，积极参与跨文化交流；关注人类面临的全球性挑战，理解人类命运共同体的内涵与价值等
	实践创新 / 劳动意识	重点是：尊重劳动，具有积极的劳动态度和良好的劳动习惯；具有动手操作能力，掌握一定的劳动技能；在主动参加的家务劳动、生产劳动、公益活动和社会实践中，具有改进和创新劳动方式、提高劳动效率的意识；具有通过诚实合法劳动创造成功生活的意识和行动等
	实践创新 / 问题解决	重点是：善于发现和提出问题，有解决问题的兴趣和热情；能依据特定情境和具体条件，选择合理的解决方案；具有在复杂环境中行动的能力等
	实践创新 / 技术应用	重点是：理解技术与人类文明的有机联系，具有学习掌握技术的兴趣和意愿；具有工程思维，能将创意和方案转化为有形物品或对已有物品进行改进与优化等

五、从核心素养视角探讨家庭教育任务和内容的重要性

随着教育部《关于全面深化课程改革 落实立德树人根本任务的意见》的发布，中国基础教育正式迈入核心素养的新时代。发展核心素养是落实立德树人根本任务的一项重要举措，也是适应世界教育改革发展趋势，提升我国教育国际竞争力的迫切需要。核心素养的落实需要从整体上推动各教育环节的变革，最终形成以儿童发展为核心的完整育人体系。家庭教育作为教育体系的重要一环，必须以发展孩子的核心素养为依据和出发点。

从党和国家层面来看，核心素养体系是党的教育目标的具体体现，是连接宏观教育理念、培养目标及课程与教学目标的关键环节，也是构建科学的教育质量评价体系、推进教育问责的重要基础和依据。党的教育方针从宏观层面明确了我国教育的培养目

标,即"培养德智体美劳全面发展的社会主义建设者和接班人"。党的十八大报告指出"把立德树人作为教育的根本任务",党的十八届三中全会要求"加强社会主义核心价值体系教育,完善中华优秀传统文化教育,形成爱学习、爱劳动、爱祖国活动的有效形式和长效机制,增强学生社会责任感、创新精神、实践能力"。这些教育方针政策对人才培养起到重要的指导作用。

然而,这些方针政策是宏观的教育目标,要落实到具体教育教学过程中,需要将他们进一步具体化和系统化,转化为孩子应该具备的、适应终身发展和社会发展需求的素养要求,进而贯穿到各个年龄段,融合到家庭生活各方面,最后体现在孩子身上。党的教育方针需要通过核心素养体系这个桥梁,转化为教育教学实践可用的、家长们可以感知的具体教育目标。

第二节 文 化 基 础

文化是人存在的根和魂。文化基础,重在强调能习得人文、科学等各领域的知识和技能,掌握和运用人类优秀智慧成果,涵养内在精神,追求真善美的统一,发展成为有宽厚文化基础、有更高精神追求的人。

一、人文底蕴

人文底蕴指儿童在学习、理解并运用人文领域所习得的知识和技能方面形成的基本能力、情感态度和价值取向等。人文底蕴是个人最重要的后天气质,也是一个民族给本族人民的最鲜明烙印。这种底蕴的形成需要经过漫长的时间,可从人文积淀、人文情怀和审美情趣三个基本点着手培养。

(一)增加孩子的人文积淀

人文积淀的内涵主要指具有古今中外人文领域基本知识和成果的积累,能理解和掌握人文思想中所蕴含的认识方法和实践方法。

积淀人文素养可以通过有针对性的阅读来实现,尤其是文学、艺术、历史和科学的阅读。语文教学是提升儿童人文素养的重要途径之一,但学校的语文教学更多围绕应试,弱化了人文教育作用。因此,家长要引导孩子加强人文知识、成果的课外阅读,通过阅读丰富的材料来了解不同的事物、不同国家、种族、宗教、信仰、文化背景。阅读可以让我们增长见闻、深刻思考、带来多元视角、带着更多好奇心看到人类之间的联系与相似,而不是过度夸大差异。阅读也可以减少隔阂与分裂,增进包容与合作。

家长可以首先通过培养孩子良好的阅读习惯,增加孩子的人文积淀。

1. 激发阅读兴趣，让书籍成为孩子的好朋友

对于很多孩子来说，学习阅读是一个缓慢而艰难的过程，我们家长应该从小就开始培养孩子的阅读习惯。阅读习惯的培养可以从给他们读各种有趣的绘本开始，逐渐引导他们接触更多的文学作品。培养孩子的阅读习惯，首先要培养孩子的阅读兴趣。研究表明，9—12岁是儿童阅读习惯的养成、阅读兴趣的产生非常关键的时期。如何让孩子感受到阅读的乐趣，使课外阅读成为孩子自觉自愿的行为呢？我们可以从以下几点入手：

（1）营造良好的阅读环境。首先，打造舒适的阅读角落。在家中找一个光线明亮、安静的角落，铺上柔软的卡通地毯，和孩子一起坐在地上，共同翻阅他们最爱的图画书。在这样的环境中，孩子会自然而然地对阅读产生兴趣。其次，搭建专属小书架。为孩子们准备一些适合他们年龄和兴趣的书籍，让他们生活在书的世界中，随时都能翻阅自己的小书架。最后，成为孩子的阅读榜样。父母的行为对孩子有着深远的影响。如果父母本身就热爱阅读，孩子自然会对阅读感到亲切。当孩子看到父母每天都在认真阅读，他们就会在不自觉中模仿这种行为，逐渐培养出阅读的习惯。

（2）尊重孩子自主阅读权，激发阅读积极性。知之者不如好之者，好之者不如乐之者。在培养阅读习惯的初始阶段，孩子愿意读比读了多少更重要。当阅读成为一件快乐的事情，孩子才会愿意在阅读中投入更多的时间，才会愿意在没有监督的情况下自觉自愿地回到阅读当中，家长老师们也就不用担心孩子的阅读兴趣。那么怎么才能让孩子在阅读中感受到快乐呢？那就是要提供让孩子快乐的读物。每个孩子都有自己独特的个性和喜好，家长不应该强制孩子读自己认为有用或有价值的书籍，而应该根据孩子的年龄、性格、爱好等因素，给予适当的指导和建议。家长要鼓励孩子多尝试不同类型和风格的书籍，但也要尊重孩子的选择和喜好。只有不把阅读当作折磨人的痛苦任务，孩子才能兴奋地回到每次阅读中来。

（3）与影视作品同步阅读或比较阅读。联系生活，抓住阅读机遇，利用影视作品营造阅读氛围，是一个很实用的办法。因为现在已经有很多的名著被搬上银幕或电视了，比如《大闹天宫》《宝莲灯》《汤姆叔叔的小屋》等，孩子们都特别喜爱。我们可以利用热播的影视作品，激发孩子的阅读兴趣。

2. 注意方法指导，培养阅读习惯[1]

三年级以后更加鼓励孩子独立阅读。但在孩子开始独立阅读时，我们要做好阅读指导。引导孩子进行课外阅读，除了让孩子通读全书，精读精彩片段外，还要注意引导孩子勾画圈点、做读书卡片，养成"不动笔墨不读书"的良好习惯。

（1）指导孩子制订阅读计划。我们需要引导孩子学会合理安排有限的阅读时间。读什么书，什么时间读什么书；什么时间分段读，什么时间整段读；什么时间读文学名

---

[1] 陈新. 如何引导学生有效进行课外阅读 [J]. 教育科研论坛，2009（1）：60-61.

著，什么时间读报纸杂志；要有长计划、短安排。定长计划，是为了有一个长远的目标；短安排，是为了适应随时可能发生的变化。有了阅读计划，就可以大大提高阅读效率。

（2）引导孩子阅读时投入真情实感。读书时，能否将自己的情感融入其中，是能否读好书的关键。语言文字，除了"达意"，还有"传情"的功能。大量优美的文字，既生动形象，又凝聚着强烈的感情，渗透着深刻的理性。孩子从认知开始，借助形象，引发感受，在感受的熏陶下，展开想象，启动思维，从中感受、体验、感悟、理解，获得一定的语言表达能力。在情感的驱使、引导下，从而产生情感共鸣，产生物我两忘、如痴如醉的境界，反过来也能加深理解。

（3）引导孩子不写不读。读书不一定非要写读后感，还可以将书上自己感兴趣或觉得精彩的部分勾画下来；写一句话，表达对这本书的一个感受或者一个评判；写一个推荐语，将这本书介绍给家人、朋友……关键在于要学会做笔记、做批注，学会在书上记录下来。如果是借阅的图书，孩子可以自备笔记本来做阅读记录，养成好习惯。

3. 鼓励孩子多读，重视阅读积累

只有多读，才能"有更丰富的积累，形成良好的语感"；只有多读，才能形成"独特的阅读能力"。多读，首先要多读各种类型的书，拓宽孩子们的阅读视野，从多方面吸收营养，从而增加孩子们人文素养的底蕴。多读，还要特别强调诵读。与朗读相比，它更强调亲身体验，更强调内化。对于一些精彩片段、名篇佳作，要鼓励孩子多诵读、多背诵，这样才能积累大量的语言材料，形成良好的语感，形成富有成效的语言表达能力。

4. 检查阅读效果，推动阅读深入

有检查才有落实，有测评才有促进。如果放任自流，效果肯定不会好。家庭可以定期开展读书报告会、故事会，读书心得交流会，举办优秀读书笔记展览等形式，与亲朋好友分享交流。这样可以帮助他们更好地了解不同的文化背景和视角，开阔视野和思维。还可以巩固阅读成果，激发阅读兴趣，调动阅读积极性，逐步推进课外阅读。

（二）培养孩子的人文情怀

人文情怀主要指具有以人为本的意识，尊重、维护人的尊严和价值，能关切人的生存、发展和幸福。

家长应从小培养孩子的人文关怀，引导孩子关心他人、关心社会。父母在日常生活中教会孩子尊重他人的价值观和意见，关注对方的情感体验，会对他人表现出关心和尊重，这可以增强与他人的情感联系；教会孩子尊重和支持他人的决定，能为他人提供实质的建议和帮助，以及能积极鼓励他人在生活和事业中取得成功，使他人觉得受到了关心和支持；同时，通过让孩子参与社会公益事务、社区活动、关注环境保护等公益活动、志愿服务等形式的活动，让孩子亲身体验到帮助他人的乐趣和意义，激发孩子的社会责任感,培养孩子更强的人文关怀。父母还应给予孩子正确的价值观和道德观念,教育他们尊重他人、关爱弱势群体,培养他们的人文情怀和同理心。

同时,面对日益严重的食品安全、环境污染、生态破坏等危害人生存、发展和幸福的问题,家长可结合新闻热点引导孩子思考解决问题的方法和对策,树立环境保护意识,关切人的生存、发展和幸福。家长也可通过日常生活中的节约用水、用电习惯和环保生活方式等途径,潜移默化地影响孩子采取适合人生存、发展、幸福的方式去生活和创造价值,提升人文情怀。

(三) 提升孩子的审美情趣

核心素养中的审美情趣,其内涵主要是指具有艺术知识、技能与方法的积累,能理解和尊重文化艺术的多样性,具有发现、感知、欣赏、评价美的意识和基本能力,具有健康的审美价值取向,具有艺术表达和创意表现的兴趣和意识,能在生活中拓展和升华美。

家长可以给孩子提供一个良好的艺术环境,比如家里常放一些适合孩子年龄和兴趣的艺术类书籍、杂志、音像、玩具等;为孩子安排一些参观博物馆、美术馆、音乐厅、剧院等艺术场所的活动;也可以根据孩子的兴趣为孩子报名参加一些音乐、美术、舞蹈、戏剧等的艺术课程,通过以上途径让孩子了解更多的艺术知识,积累、掌握艺术技能和方法,从而培养、提升孩子的审美情趣。

同时,家长在日常生活中要培养孩子发现、感知、欣赏、评价美的意识和基本能力,引导孩子形成健康的审美价值取向。审美能力是从发展感觉和知觉能力开始的。刚开始,家长要引导孩子在日常的生活中发现美,家长可以借助一朵云、一个杯子、奶奶的一个微笑,甚至孩子随意涂鸦的画,引导孩子认识到美在何处。接着,可以鼓励孩子自己去发现美,一首好听的歌、一朵好看的花,甚至一盘香气扑鼻的菜,只要孩子对美有所发现,就要给予其鼓励。由于孩子的心智、审美还没有完全成型,分辨能力较差,很容易受到不良审美价值观的影响,所以家长要引导学生建立健康的审美观,形成健康的审美价值取向。家长需要引导孩子鉴别美丑。在文化多元的环境下,泥沙俱下,鱼龙混杂,不能认为流行的就一定是美的,更不能将西方传过来的一概定为美的标准。在全家看电视时开展即时评价,就是一个很好的培养鉴别能力的契机。但这对家长自身的审美观和审美水平提出一定的要求。孩子欣赏美的能力,往往是从简单、表面的审美对象开始,在家长的引导下,逐步增加深度、广度,全家去旅游、逛庙会、赶集、观看文艺演出以及参观博物馆等,都是培养欣赏美的意识和能力的好机会。我们缺少的往往只是这种意识。

培养孩子对艺术表达和创意表现的兴趣和意识,拓展和升华生活中的美,是非常重要的。家庭可以通过开展家庭美育活动,让孩子在具体的活动中提高审美情趣,根据主题进行艺术表达和创意表现,发现、拓展、升华生活中的美。例如,组织家庭文艺晚会、编写家庭杂志和创办家庭展览等活动,让每个成员都有机会展示自己的才能并相互交流。

最后，由于我国幅员辽阔，在多元化的社会当中，不同的地区有着不同的文化艺术特点。而且随着经济全球化的发展，会越来越多地接触来自世界各地的文化艺术。因此，家长要培养、提升孩子的审美情趣，应引导孩子理解和尊重文化艺术的多样性，以包容的心态去了解不同的文化艺术，在不同的文化艺术的感受中提升自己的审美情趣。

二、开展家庭科学教育，培育科学精神

以信息技术、人工智能为代表的新兴技术的快速发展，正改变着科学研究的方式，使科学以全新模式对社会与个人生活产生了广泛渗透。与此同时，全球科学教育的重心正在向提高所有人的科学素养转移。习近平总书记指出要在教育"双减"中做好"科学教育加法"，培育具备科学家潜质、愿意献身科学研究事业的青少年群体。因此，家长在此背景下应该充分发挥家庭教育的优势，从小在家庭生活中播撒科学的种子，引导孩子学会探索的方法，培养科学的态度，具备科学精神。

（一）科学教育与科学精神

科学教育是将科学知识与技能、科学精神、科学态度、科学价值观等内化到受教育者已有的知识体系的过程[1]。科学教育具有丰富的内涵，包括科学知识、科学方法、科学思想和科学精神。科学精神是人类在科学实践活动中升华出来的精华，是在科学知识的积累、科学方法的提炼和科学思想的升华中形成的，是科学最稳定的部分，也是最重要的部分。在科学教育中，系统的科学知识和科学方法的教育可能更多地依赖于学校的系统教育，但家庭可以把科学精神的培养作为切入点和支撑点，增强科学教育的效果。《中国学生发展核心素养》对"学生"科学精神的内涵进行了明确界定：科学精神主要是学生在学习、理解、运用科学知识和技能等方面所形成的价值标准、思维方式和行为表现。它主要包括理性思维、批判质疑和勇于探究[2]。

（二）实施家庭科学教育，培育科学精神

家庭是最先启蒙孩子科学教育的场所，是对孩子进行科学教育的重要阵地。家庭应营造良好家庭科学教育新氛围，重点从培养孩子的理性思维、批判质疑和勇于探究入手，培育孩子的科学精神，进行家庭科学教育。

1. 理性思维的培养

人有两种思维：感性和理性。感性，跟着感觉走，会直接获取快乐，更在乎即时收益，既当下的快乐、一时的爽。感性思维的人，容易情绪化，敏感、易冲动，更多

---

[1] 蔡铁权.科学教育中科学精神的地位及养成[J].全球教育展望.2016（4）：79-93.
[2] 核心素养研究课题组.中国学生发展核心素养[J].中国教育学刊，2016（10）：1-3.

的是原生态的反应。而理性，多了思考和分析判断，更容易发现事物间的逻辑规律。所以，理性思维占主导的人，遇事更冷静，会通过资源整合，理性分析各种利弊，得出问题解决的思路和策略。相比于感性思维，理性思维占主导的人解决问题能力更强，而一个人的价值是由他解决问题的能力决定的。越早训练孩子的理性思维，这个孩子就越能比同龄孩子成熟，也越容易胜出。理性思维能力不是与生俱来的，而是可以通过练习获得的。这需要家长在日常生活中做个有心人，利用或创造时机对孩子进行训练。

（1）引发更多想法和观点的表达。很多家长会发现，孩子在三四岁时，就是行走的十万个为什么，走到哪问到哪，"小鸟为什么会飞？""鱼儿为什么会游？"……可孩子慢慢长大后，问题越来越少了，孩子脸上那些因好奇而兴奋的、激动的神情也随之没有了。很多家长不知道，孩子不断提问的时候，正是训练孩子理性思维的最佳时机。比如：当孩子问"小鸟为什么会飞"时，家长可以接着问："宝贝，你再找找看，还有哪些东西会飞啊？"当孩子说了一个，家长要接着问："还有呢？"引发孩子说出更多。当孩子说出了比如老鹰、苍蝇、乌鸦，甚至说到飞机时，咱们再延伸："宝贝，这些东西有什么共同的地方呢？"孩子表达的过程，也是理性思考的过程，孩子的理性思维能力就在不知不觉中得到了训练。稍大一些的孩子，每当孩子有了什么想法，比如孩子跟你说"我想学弹钢琴"，我们不是立马否定或者答应，而是去问他："哦，这是个好主意，说说你具体的想法。"引发孩子说更多，目的是让孩子在说的过程中，学会理性地去思考这件事的可能性。当我们的家长这样引发思考后再表达的次数多了，孩子再遇到这些事情时，自然就会多一些思考，少一些冲动。

（2）不断追问，促进多视角的思考。当一个孩子遇到问题后，可以从不同的视角来思考时，孩子就更容易用保持客观的状态来看待问题，而不会局限在自己的情绪、感受、固有思维模式中。很多时候，孩子之所以会因为与老师、同学的人际关系而郁闷、焦虑，甚至不愿意去上学，除了孩子内在力量比较弱，容易受到外界环境的侵扰而感觉到受伤害之外，还有一个原因就是缺少了多视角看问题的理性思维能力。比如：一个孩子作业做得又对又快，可是老师表扬了班上其他同学，却没有表扬他。孩子很生气，回家跟您说起这件事，您会怎么引导？有家长会说："老师表不表扬有什么关系，咱们做好自己就好了。"有家长会说："这也值得生气？"还有家长可能会说："这老师也真是的，孩子作业做得这么好都不表扬。"……而用心训练孩子理性思维能力的家长会这样做：先共情孩子的情绪，然后用开放式提问促进孩子思考："你觉得，老师不表扬你，会有哪些原因呢？"如果孩子说："老师就是不喜欢我。"家长可以接着问："这是一种可能，还有没有其他可能呢？"不断用"还有其他可能吗"鼓励孩子继续想。这样不同视角的可能性想得越多，孩子对待问题的理性程度就会越高。家长这样做，是在帮助孩子用观察者的身份，多角度、多方位地思考老师这样做的可能性原因。孩子越是能多视角客观地看问题，越是可以从情绪中抽离出来，也越能透过现象看到问题的本质，把握事物的规律，解决问题的能力也就越强。

（3）提供多情景的选择。有一句话，大家都耳熟能详，就是"选择大于努力"。当孩子的选择很明显地走上了岔道时，家长就要适时介入，不是强迫孩子调整选择，而是提供更多情景的选择，引导孩子分析利弊得失，通过这样理性思考后去做选择。即使还坚持原来的选择，孩子也有力量去承担这样选择后所带来的后果。而不是一种未加思考的、只停留在感性层面的选择，一旦有不利结果，孩子因为后悔和懊恼，长久地沉浸在负面情绪中不能自拔，甚至抑郁，而白白耽误了成就自己的大好时光。

2. 批判质疑能力的培养

提出一个问题比解决一个问题更重要。发现问题是一切探索的前提，世界上许多发明创造都源于质疑。那么，父母怎么做，才能培养孩子的质疑能力呢？

（1）营造宽松的质疑环境。孩子在认识和发展的过程中，经常会遇到一些不明白的问题或现象，这时他会产生疑问、探求的心理，此时最容易帮助孩子建立和巩固质疑意识。

孩子们的问题五花八门，往往令父母应接不暇。比如，第一次听到"恼羞成怒"这个词语，孩子问："这是什么意思？"父母解释后，孩子继续质疑："为什么会发脾气呢？我要是害羞或者生气，就不是怒，是哭，为什么不叫恼羞成哭？"乘坐电梯时，孩子问："明明是站在电梯里？为什么总说坐电梯？根本没坐，都站着的呀？"看到小卖部门口的蔬菜，孩子问："萝卜长在地里是有生命的，这里卖的萝卜还有生命吗？"当孩子提问时，父母要让孩子感受到此时的自己是受欢迎的、被鼓励的。孩子随口一问，父母至少要做到回应的态度是友好和积极的，比如："对啊，为什么呢？我也要好好想想！你问了一个我都没想过的问题呢！"有了这样的回应，即使没有直接从父母这里获取到答案，孩子也是满足和快乐的，他的质疑欲望也自然而然地得到了保护和鼓励。

（2）隐形地保护孩子质疑的欲望。孩子有些质疑是一瞬间的，出现过一次就消失了，但有些质疑，却需要父母帮助他保持下去，引导他进行更深入一些的思考和探索。比如，孩子画画的时候问道："我要画红绿灯，可是，我忘记了红灯在上面，还是绿灯在上面。到底要怎样画呢？"此时，父母一定不要着急给出答案，可以缓慢地回应："咦？我也糊涂了？要不咱们一起去外面看看？"让孩子实际观察一下再动笔，效果更好。画画结束后，父母还可以借这个机会继续追问，引导孩子继续质疑："为什么都是红灯在上面呢？绿灯在上面不行吗？""从远处看，先看到高处的东西还是低处的东西？红灯在最高处有什么好处？"如此展开来，孩子不仅能深入地理解交通规则，还能理解更多数学、物理学等多方面的知识内容。有的孩子在了解了1分钟有60秒之后，会质疑："为什么1分钟不是有100秒呢？"面对这样的问题，如果父母稍微留心，也能引出很多学科领域内的知识和学习，这就是在保护孩子的质疑欲望，并且在这个基础上，逐步促进了孩子质疑思维方式的建立。

（3）教给孩子探索质疑的方法。仅是提出质疑，并不能真正培养孩子的质疑能力，能力的获得，还需要孩子亲自行动，亲自探索，寻找答案。正如科学探究那样，孩子需要完成提问、假设、验证和结论这样几个基本的步骤才有成长。有些孩子是能够主动探究的,有些孩子则需要父母引导和参与他们的探究,一味地停留在口头上的鼓励,往往是不够的。这里刚拖完地,父母不允许孩子光脚跑来跑去,孩子会问:"为什么不行?"此时,可以带着孩子一起了解一些摩擦力的知识。跟孩子一起到卫生间去做实验,尝试不同的条件:在地上泼洒清水、洒一点儿沐浴露、弄一些泡沫等让孩子用手、玩具或者光着脚逐一感知。有什么变化?变滑了吗?怎么样才能不滑?在自己探索比较后,孩子会明白穿鞋袜的作用。还可以将探究拓展到不同的鞋底、停车场的上下坡、自行车扶手等,让孩子思考哪些是增大了摩擦力,哪些是减少了摩擦力。

3. 引导孩子增强科学探究精神

(1) 培养和保护孩子的好奇心。孩子的好奇心其实就是一种求知欲,是带孩子探索世界的钥匙,作为家长应该守护并培育好孩子的好奇心。可是很多家长并没有正确认识孩子的好奇心,不仅不正面回答孩子的好奇,反而觉得孩子总是问这个问那个太烦了,久而久之,把孩子的这种求知的好奇心磨灭了。面对孩子千奇百怪的各种问题,家长不要不耐烦,更不要打击孩子提问的积极性,而是要用欣赏的眼光看待孩子的好奇,认真对待孩子的提问,帮助孩子打开好奇背后的真相,让好奇成为带领孩子探索世界的一个窗口。比如孩子想弄明白为什么机器人会讲话、唱歌、跳舞等,家长就要积极帮助孩子弄明白电子产品的原理,哪怕孩子把整个机器人拆了,也不要责骂他,而应该鼓励他去探索的这种精神。家长要尽量满足孩子的好奇心,尽量让他自己去探索、触碰、了解世界,并让孩子保持永远的好奇。

(2) 鼓励孩子进行探索性玩耍。如果孩子的好奇心仅仅停留在好奇的层面上,那么也仅仅是好奇而已,他们还需要去探索和体验。其实,不按常规方式的玩耍就是一种典型的探索行为。比如:当孩子把一个好端端的闹钟拆得七零八落时、当孩子在玩具上随意涂抹色彩时,家长不要马上呵斥孩子,孩子的这些行为看似带有破坏性,但也恰恰是孩子对事物的最初探究方式。另外,想要在玩耍的过程中激发孩子的探索精神,家长除了要让孩子多多体验不同的玩具外,更重要的是要让孩子学会一种玩具的多种玩法。在家长的示范过程中,孩子会开始体会形式的丰富性与功能的灵活性。

(3) 为探索提供更多机会和条件。读万卷书,行万里路。认识和了解事物和现象,离不开实践,因此为孩子的探索提供一定的物质环境是必需的。当世界上千姿百态的事物具体地呈现在孩子的面前时,要让他们亲自去看、去听、去感受。当接触到了不同的新鲜事物与环境后,孩子们的思维便会被激活,探索精神也会自然而然地产生。同时,孩子们在探索科学的过程中肯定有不少磕磕绊绊,他们需要时间和空间去试验。在孩子尝试的过程中,父母可以耐心等待一下,不要急着去告诉他们正确的答案或者方法,让他有足够的时间和空间去大胆探索。

第三节 学会学习

随着科学技术的飞速发展，人类社会进入了信息化和知识经济时代，知识和信息的数量成倍猛增，知识更新的速度不断加快，知识生产和知识创新成为时代的重要主题。为了适应这个高度开放、变化多端、充满挑战的变革时代，学会学习被提高到了前所未有的高度，环境不仅要求人们"学习"知识、"掌握"知识，甚至还要"创造"知识，而且要求人们随时随地学习，主动学习。联合国教科文组织曾指出，21世纪的文盲将是那些不会学习的人。学会学习是21世纪公民必须掌握的生存和发展能力，因此，家庭教育应充分关注孩子的"学会学习"。

一、学会学习的内涵

"学会学习"的内涵是科学评价和构建"学会学习"有效策略的前提和基础。早期，"学会学习"被认为是理解知识的一种手段，即强调学习者要突破从课本和教师讲授中获取知识的狭隘途径，善于利用注意力、记忆力、思维能力等恰当方式进行学习，实现知识的更新和拓展。随着时间的推移，我们对学会学习的理解不断丰富和拓展，从最早把学会学习狭隘地理解为学会认知，即学习者在学习过程中能否通过有效地收集信息、处理和提取有用信息来建构新知识，到逐渐开始关注学习的情感维度，即注重动机、情感、意志、态度和信念在学习过程中的作用，再到把学会学习看成是一种整合认知、情感、元认知在内的复杂能力。最后，逐渐注意到了学习的社会互动，即认为情境不仅是学习的影响因素，也是学习的重要组成部分，学习寓于情境之中，与情境相互作用，发展学习能力。

目前比较有代表性的观点是欧盟提出的："学会学习"是一种学习上的追求和坚持能力，是一种从个体和团体两个层面高效地管理时间和信息而组织自我学习的能力；这包括对学习过程和需求的意识、识别可利用的机会、为成功学习而克服各种障碍的能力；这意味着个体不但要寻求和借助外界的指导，而且要主动获取、加工和同化新知和技能。根据这一"学会学习"的综合视角，"学会学习"有四个基本内涵[1]：

第一，主体性。学会学习强调学习者的主体性地位，重视学习的主动性、独立性和创造性，将学习与自己的工作和生活紧密关联，学习不是"负担"或"义务"，而是学习者自愿承担的"责任"。

第二，延展性。学会学习具有时间和空间上的延展性，在时间上与终身学习相联

---

[1] 贾绪计，王泉泉，林崇德．"学会学习"素养的内涵与评价［J］．北京师范大学学报：社会科学版，2018（1）：34-40．

系，强调学习不再仅仅是学校学习的"特权"，还包括各种连续不断的教育（如在职培训等）；在空间上，学习者的学习不再受学习场所的限制，家庭、学校、社区等都成为学习的场所。

第三，整合性。学会学习是一个复杂的整体结构，是认知、情感和身体（尤其是脑）的整合，是智力因素和非智力因素（自信心、意志力、自我概念等）的统一。学习的过程是个体与内外因素互动的过程，学习者的身体、心理、情感、情境等共同互动的过程参与到学习活动中，并共同作用产生感知，形成理解。

第四，建构性。学会学习是一个动态建构过程，是情境化的学习。学习者不仅要基于以往知识和经验重新建构自己的认知过程，还要与多样化情境（如教师、同伴、社区以及社会文化等）彼此互动，在动态变化中不断进行知识学习和知识创新。

二、家庭培养儿童学会学习的主要途径[1]

《中国学生发展核心素养》中的"学会学习"素养有三个关键要素，即乐学善学、勤于反思、信息感知。其中，"乐"强调学习的情感体验，"善"强调顺利学习的能力和优势。"勤"体现的是一种反思的学习态度，反思自己的学习行为。信息意识是指识别信息的能力和利用互联网等工具辅助学习的能力[2]。家长可以从以下几方面促进孩子"学会学习"素养的形成。

1. 促进儿童积极的学习情感和良好的学习品格形成

这是教育孩子学会学习的必要条件，积极的学习情感和良好的学习品格对人的一生发展有着持久的影响力。积极的学习情感包括学习兴趣、好奇心、对学习的渴望和乐趣、终身学习的愿望等；良好的学习品格包括学习的独立性、自信心、外向开拓的个性、顽强的意志力、理性的思维、好学勤学等，学习品格影响学习动机的形成和保持，影响学习的过程和效果。家庭教育过程中要引导孩子厘清学习动机，让其意识到未来社会是一个学习型社会，学会学习是一项帮助个体适应社会的技能，这样孩子的学习目标就会更加明确，学习意志就会更加坚定。具有坚定自信意志力的孩子总是乐于学习，不会畏难退缩，自我意识强烈；具有外向开拓精神的孩子总是乐于接受新事物、新信息，能广泛接纳，善于沟通。

2. 注重知识的传授和方法的引导

这是教孩子学会学习的前提，其中的知识包括学科基础知识和有关学习与交往的知识。扎实、广博的知识和理论是进一步学习的基础，也是进行质疑、否定、逆向等创新思维的源泉。学习知识主要包括三个方面：作为学习者的个人知识，如对自身兴

---

[1] 唐荷意. 教学生学会学习：意蕴、要素和教师担当[J]. 中国成人教育，2012（23）：10-12.
[2] 张丹. 论核心素养下"学会学习"的评价框架[J]. 教育文汇，2021（10）：36-40.

趣、习惯、能力和个人资源的了解；对需要完成的任务的了解，如任务的难度和关系、学习材料的性质和特点等；对不同类型的学习策略及其使用的了解。学习的方法是解决"如何学习"问题的学习心理操作系统，包括微观、中观和宏观三个层次。在微观层面，它是指针对各学科或某类学习任务、学习情境所特有的方法和策略；在中观层面，它是指自学、制订学习计划、观察反思、互动学习等方法；在宏观层面，它是指引导孩子明白自己需要什么知识、走什么路径、到哪里去获取所需信息的方法。有关学科基础知识和微观层次的学习方法更多依靠学校系统的教学，但有关学习和交往的知识，中观和宏观层次的学习方法，家长更具优势。

3. 培养学习所需的各方面能力

由于学习的过程不是完全独立的，需要在学习环境中与他人建立联系，进行合作学习，与他人建立良好的关系，因此，"学会学习"的能力结构不仅包括知识学习本身和自我管理所需要的基本能力，还包括一些共通能力。总之，教会孩子学会学习，需要精心培养以下能力：明确学习目标、获取各种学习材料的能力；灵活选择、运用和创造适合自身特点的学习策略的能力以及解决问题的能力；监控和调控自身学习过程的学习能力；合作能力、交流能力、批判性思维能力和创新发现能力等。实践和体验是巩固知识、提高能力的重要途径。家长可以鼓励孩子多参加各种实践活动和社会体验，如科学实验、社区服务、文化活动等，让孩子在实践中感受知识和文化的魅力，提高"学会学习"的能力。

4. 引导孩子勤于反思

在学习发生之前，培养孩子自我反思、规划的能力，即反思自己是否为即将发生的学习行为做好了充分准备。学习过程中的反思则是对自我监控和自我调节能力的反思，即判断自己的学习状况，及时调整不良的学习行为。学习结束时的反思侧重于自我评估，即分析和判断自己的学习情况，并对自己的学习作出总结。

"学会学习"是一种结合情感、认知、身体、自信心、自控力、意志力等智力因素和非智力因素的复杂统一体[1]，它的形成是一个循序渐进、分层次进行的过程，因此家庭作为孩子持续一生的学校，家长是做好孩子"学会学习"培养的主要责任人。

第四节 健康生活

2016年10月25日颁布的《"健康中国2030"规划纲要》明确指出"把健康摆在

---

[1] 汤明清，吴荣平. 学生发展核心素养中"学会学习"的内涵及培养策略研究[J]. 基础教育课程，2020(13)：39-45.

优先发展的战略地位",明确要求"广泛开展健康社区、健康村镇、健康单位、健康家庭等建设,提高社会参与度",纲要的颁布意味着健康家庭行动已经成为中国健康战略重要组成部分。健康是指身体上、心理上和社会适应方面的良好状态,而不仅仅是没有疾病。因此,本章将从健康身体、健全人格等方面进行介绍。

一、健康身体

强健的身体是实施德育、智育、美育与劳动教育的基本前提条件,也是父母养育未成年子女的首要目标。因此,确保子女身体健康是家庭教育者的首要任务。在家庭中进行体育教育,首先应对孩子进行身体保健教育,为孩子全面发展提供良好的身体素质保障,形成科学的生活方式。

(一)身体保健教育

1. 重视饮食和营养

人出生后,身体不断生长发育,肌体中的细胞和组织时刻在更新。儿童青少年处在发育的旺盛时期,他们需要各种营养素,尤其是对蛋白质、钙、碘、铁以及各种维生素的需求量最为突出。这些营养素主要靠日常饮食来提供,家庭应根据孩子不同发育期对各种营养素的需求合理搭配谷类、豆类、干果类、蔬菜类、水果类、肉类、蛋类、乳类、油脂类、糖类等食品,注意做到:

(1)膳食要平衡,每天吃的主食、副食的品种和数量要适当,以满足孩子对各种营养素的需要。

(2)膳食制度要合理,每天进餐的次数和分量,要与儿童、青少年的生活和学习规律相符,定时定量用餐,尤其是坚持让孩子吃早餐。

膳食的烹调要合理,应尽量减少食物中营养成分的流失,且食物要容易消化和吸收。

(3)膳食要色、香、味俱佳,以增加孩子的食欲。

(4)食物新鲜、干净、没有毒害,不会引起食物中毒、寄生虫病和传染病。

家庭在重视饮食和营养的同时,还要结合孩子实际,在日常生活中对孩子进行良好饮食习惯的培养。如教育孩子进食时要细嚼慢咽;要吃各种食品,不挑食,等等。

2. 注意身体安全和疾病防治

经常盘点家中存在的安全隐患,并积极采取措施,防患于未然。比如,家具尽量靠墙摆放,保证牢固,以免孩子攀爬、推搡家具时被砸倒;桌角、茶几等家具的边角、尖角要安装保护设施,或装修时选择棱角圆润的家具;菜刀、水果刀、火柴和打火机等用具,要在使用后妥善保管;让孩子远离电饭煲、电熨斗、热水瓶、热茶杯等。电视机、音响等电器,要固定好,并要藏好电线;平时不用的插座上要安上安全电插防护套；把成人使用的尖锐物品藏起来；把纽扣、电池、笔帽等小物件放在上锁的抽屉和盒子里；把塑料袋和小物件，如别针、坚果、硬糖和硬币等，放在孩子拿不到的地方。不要把酒、汽油、洗涤剂、杀虫剂等放在饮料瓶里，放在孩子拿不到的地方；不要在婴儿床上放太多东西，以免孩子有被掩住而窒息的风险；不要把幼儿单独留在家中或尿布台、浴缸、沙发、床、婴儿餐椅、地板上或车内；窗户上要安装一定高度的栏杆或加防盗网，且窗前不要摆放椅子、梯子等可供攀爬的物品。孩子走出家门，可能遇到的危险就更多了，这些危险更加难以预料。为了避免意外事故的发生，家长还要结合孩子不同时期的年龄特点和生活实际，对他们进行安全教育，让他们学会保护自己的身体。

儿童在不同的年龄阶段易患不同的疾病。婴幼儿时期，儿童身体娇嫩，生理机能不完善，抵抗力低下，对外界环境的适应能力相对较弱，容易受到病菌的侵袭。感冒、急性支气管炎、肺炎、呕吐、腹泻、肠道寄生虫病、麻疹、水痘、佝偻病、传染性肝炎等都是这个时期的常见病。家长应该重视这些疾病，应根据这一时期的发病特点，采取必要的措施保护他们的健康，尤其要加强卫生教育，给予他们合理的引导。在有些国家，很多家庭都参加了"儿童健康年"计划，即无论孩子是否生病，每年都要带孩子去一次儿科医院进行体检。定期为儿童体检，可以保证儿童正常发育和健康成长，记录儿童的成长轨迹和病史，及时发现儿童身体疾病，并提供保持儿童健康的知识。

3. 建立正常的生活节律

神经系统是人体生命活动的重要调节器，在它的统一调节下，各器官、系统进行有序的生理活动，因而在人体的各个系统中起着主导作用。大脑皮层是神经系统调节人体活动的最高中枢，它的活动是有规律的。让孩子有规律地作息，可以保证大脑皮层兴奋与抑制有规律地转动，劳逸结合，保持较长时间的工作能力，保证神经系统的正常活动。因此，建立正常的生活节奏，关系到孩子神经系统的发育和健康。

婴儿的生活内容，不外乎吃、玩、睡。父母若能合理地安排好这三件事，让孩子吃得合适，玩耍得当，睡眠足够，从小生活有规律，就能正常地发育成长。

孩子上学后，生活发生了根本性的变化，学习成为生活的主要内容，此外，还有劳动和课外活动。家长要根据学校的学习时间和孩子的生活内容，帮助孩子制订合理的作息制度，督促孩子按时学习、按时锻炼、按时吃饭、按时休息、按时睡觉，使孩子学习时精神饱满，劳动时精力充沛，玩耍时快乐投入，吃饭时食欲旺盛，睡觉时香甜舒适。当然，随着年龄的增长，孩子的生活节奏也会发生变化。最突出的变化是学习，学习任务会随着年龄的增长而增加，而睡眠、体育活动和课外活动则会相应减少。因此，建立科学的作息时间，处理好学习、休息和睡眠之间的关系，保证有规律的生活就显得尤为重要。

4. 养成良好的卫生习惯

讲究卫生，养成良好的卫生习惯，以预防常见病和多发病，促进身体健康发育，保证精力充沛地投入学习与生活,是家庭健康教育的重要内容。

良好的卫生习惯,主要是讲究个人卫生、家庭卫生和公共卫生的习惯。个人卫生习惯包括身体各器官、部位和皮肤的卫生。从小要养成良好的卫生习惯,早晚刷牙、饭后漱口,吃饭前和大小便后洗手,勤洗澡,勤换衣裤,勤剪指甲,及时小便,定时大便,以及注意用眼卫生,青春期女孩注意经期卫生等,这对于预防疾病具有积极意义,是儿童青少年最重要的卫生习惯。

家庭卫生主要是家里的居室卫生,包括环境整洁、空气流通等。养成家庭卫生习惯,与个人健康密切相关。当然,这需要家庭全体成员共同配合。

公共卫生是指公共场合的卫生。它要求每个社会成员不随地吐痰、不乱扔垃圾等,这不但对预防传染病,而且对提高整个社会的环境质量都是很有必要的。所以,家长有责任教育孩子从小养成注重公共卫生的好习惯。

(二) 家庭体育教育

体育锻炼对于增强体质、促进发育、加强肌体免疫力、防御各种疾病有重要的意义。因此,家庭应培养正确的家庭体育意识,广泛开展家庭体育活动。

1. 营造家庭体育氛围,养成锻炼习惯

良好的家庭体育氛围,不仅能够影响家庭成员对体育锻炼的看法和参与度,还能够将体育精神融入家风之中。因此,家长应充分认识到体育的综合育人功能,让"健康第一"成为家庭的核心价值观之一。

此外,家长应以身作则,发挥榜样的良好示范作用,养成每日运动的良好习惯,想让孩子运动一小时,家长就要先运动一小时。同时借助家庭会议,和孩子协商达成共识,彼此相互督促,共同参与家庭和社区的体育锻炼活动,让体育运动成为家庭文化和生活的重要组成部分。

充分发挥家庭环境的资源优势,合理布置家庭体育运动空间,购买适宜的体育器材,积极为开展家庭体育活动创设良好条件与氛围。除此之外,家长还可以通过与孩子共同观看体育比赛,在欣赏过程中亲子间相互交流讨论,营造浓厚的家庭体育氛围,进而激发孩子对体育项目广泛而浓厚的兴趣,加深他们对体育项目的了解与实践。

2. 注重兴趣培养,激发对体育活动的热爱

现代奥林匹克之父顾拜旦在《体育颂》中这样说道:"体育,你就是乐趣!想起你,内心充满欢喜,血液循环加剧,思路更加开阔,条理愈加清晰。你可使忧伤的人散心解闷,你可使快乐的人生活更加甜蜜。"因此,选择家庭体育运动时既要注重科学性和实效性,也要注重兴趣导向,让孩子在运动中享受快乐,不能让孩子把体育锻炼当成一种被迫完成的任务和负担,而是发自内心地真正爱上运动。就像是有的父母只在孩子要参加体育中考前才重视孩子运动,其他时间恨不得都让孩子坐在书桌前埋头学习,这种有点儿功利化对待体育的态度,既对孩子的身体健康不利,也会无形中影响孩子正确体育观的形成。

3. 结合孩子实际，科学设计体育活动

家庭体育运动设计要符合孩子的身心成长规律和正常发展水平，应因地制宜、因人而异，不能提出过高的要求或者设计不适宜孩子的项目，这样反而容易伤害孩子的身心健康，比如对于3—5岁的学龄前儿童，因为其大肌肉发展较快，身体协调性比婴儿期有所增加，更适合骑平衡车、自行车之类的户外运动，这样可以有效锻炼孩子手、眼、脚的协调性，提升平衡力；对于5—7岁的儿童，因其心血管发育比运动系统的发育迟缓，建议尽量选择游泳之类体力消耗不剧烈的运动，孩子们还可以通过游泳练习控制身体的能力，调节心肺功能；对于8—12岁的孩子，其力量、速度、耐力以及灵敏性都有了一定的基础，也是个体神经系统发育的敏感期，但骨骼相对较脆弱，要避免强烈的运动冲击，注意运动时长，可以选择乒乓球、羽毛球等活动；对于12—18岁的青少年，要注重他们骨骼生长及骨密度形成，在锻炼时要尽量避开承重过大的运动，可以继续打乒乓球和羽毛球，也可以参加篮球、足球、排球等球类运动。

二、健全人格培养

健全人格是指具备正确的自我认知、积极的思想品质和健康的生活态度。如何理解健全人格的内涵？健全人格具有什么特点？家庭如何培养孩子的健全人格？

(一) 健全人格的概念界定

人格（personality）是指人类心理特征的整合、统一体，是一个相对稳定的结构组织，并在不同时间、地域下影响着人的内隐和外显的心理特征和行为模式。人格的属性包括整体性、稳定性、个体性、动机性、适应性、自然性、社会性等。

健全人格即完美人格或理想人格，是个体最佳心理与行为的有机整合。一般来说，健全人格是个体人格的协调、健康和完善，以积极、开放为基本特征，是个体内部和谐而相对稳定的健康状态。它包含认知水平、情绪调节、意志品质等多个层次和组成部分，与个体自身的生存和发展相适应。个体只有在主观活动中逐步形成统一、稳定、积极、和谐的心理状态，具有自主意识、高尚的道德情操和正确的价值观念，具有积极进取、开拓创新、坚忍不拔的精神，具有独立处理事情、克服困难和挫折的能力，才能形成健全的人格。

(二) 健全人格的特点

根据国内外心理学家的长期研究，健全人格的特征大致可以概括为三个方面：

第一，内在心理和谐发展，他们的需要、动机、兴趣、爱好、智慧、才能、理想、信念、性格、气质和人生观、世界观、价值观都朝着健康的方向发展，能够及时调整自我与外部世界的关系。

第二，人格健全的人能够正确处理人际关系，发展友谊；人格健全的人在日常交往中能够使自己的行为与他人保持一致，不随波逐流，不孤芳自赏。

第三，人格健全的人能够有效地运用自己的智慧和能力取得成功，他们在学习和工作中受到强烈的创造动机和激情的驱使，能够有效地与自己的能力相结合，敢于创造，善于创造，常有建树。他们在学习和工作中受到强烈的创造动机和热情的驱使，并能将这种动机和热情与自己的能力有效地结合起来，使他们敢于创造，善于创造，常常有所发现，有所发明，有所成就，成功给他们带来成就感和愉悦感，使他们在学习和工作中形成新的创造动机和热情，从而使生活内容更加充实。

（三）家庭健全人格培养的重点

人格是一个人的基本特征，包括个性、情感和价值观等方面，对一个人的行为和思维方式有着重要影响。如果孩子的人格健全，他们就会更加自信、积极和乐观，更有能力应对困难和挑战。相反，如果孩子的人格有缺陷，他们会感到焦虑、无助、自卑，缺乏自信和自尊，这对他们的成长和发展会产生负面影响。因此，家长除了关注孩子的学业成绩外，还应注意培养孩子健全的人格，包括正面的情绪管理、良好的沟通技巧、包容和合作的素质等。只有全方位地协调发展，才能帮助孩子建立正确的人生观和价值观。

人格教育与心理健康教育是分不开的。心理健康教育可以为个人提供情感支持和心理健康知识，帮助他们掌握人际交往、决策、解决问题等多种技能，从而增进心理健康，促进人格发展。主要体现在以下五个方面：

第一，自我认知能力培养。青少年正处于身份认同和自我发展的关键时期，这一时期人格教育的重要任务是建立自我认同感，即知道自己是什么样的人，要往哪里去，在社会中处于什么位置。其中，自我认知的培养至关重要。一方面，应鼓励青少年积极进行自我反省。自省是指从思想意识、情感态度、言行举止等方面深刻认识自我。通过反省，青少年可以更清楚地认识自己，包括现实中的"我"和理想中的"我"。另一方面，要鼓励青少年参加实践活动。在实践中，青少年应探索、体验和发现适合自己的生活方式，以及符合自己需要的某些活动、任务、态度和价值观，从而在实践中改变现实的自我，使之与理想的自我相一致，形成自我同一性，实现人格的成长。

第二，注重积极心理素质培养。认知神经科学领域的一项研究表明，个体的身心素质具有内源性、稳定性、潜伏性、可变性等核心特征，可以影响大脑和神经系统，进而改变个体对自身情绪体验的感知[1]。青少年积极心理品质的培养与其身心发展具有同向性，积极心理品质可以促进青少年身心协同发展。积极心理品质是指个体对生活中的困难和挑战所表现出的积极乐观的态度和反应，是衡量个体身心协同发展的正向指标的总和。这可以通过鼓励青少年树立积极的目标、培养乐观的心态和提高解决问题的能力来实现。

---

[1] 崔诣晨.青少年积极心理品质及其与身心协同发展的关系［J］.教育测量与评价，2022（4）：92-101.

第三，重视社会情感能力培养。社会情感能力是个人在获取和应用知识、技能和态度的过程中形成的一系列能力，包括自我认同、情绪管理和人际关系管理等。在数字时代，新时代的年轻人更倾向于与他人进行虚拟社交，而较少进行面对面的交流。在这种情况下，关注青少年社会情感能力的培养就显得非常重要。

第四，加强情绪管理能力培养。心理学研究揭示情绪与人格发展关系密切。青春期是一个情绪波动剧烈的阶段，部分青少年会表现出情绪低落、易怒等，也可能表现出自闭、焦虑、抑郁等。这些行为和情绪反应会影响青少年的人际关系和自我认同的建立，最终影响他们的人格发展。相反，情绪稳定、心态积极的青少年往往更能应对挫折，从而形成成熟、自信、独立的人格。因此，青少年应学习情绪认知和管理技巧，帮助他们更好地了解自己的情绪，学会有效地应对各种情绪挑战。

第五，引导发展个性和兴趣。人格教育应尊重个体差异，鼓励青少年探索和发展自己的兴趣。家庭可以通过为孩子提供多样化的学习和体验机会等方式，帮助孩子发现和发展自己的兴趣、特长和个性特征，从而促进孩子健全人格的成长。

人格教育应该尊重个体的个性差异，鼓励青少年探索和发展自己的兴趣爱好。家庭可以通过给孩子提供多样化的学习和体验机会，帮助孩子发现和发展自己的兴趣、特长和个性特点，这有助于促进青少年健全人格成长。

三、做好家庭的生命教育

生命教育是指正视生命和人的生死问题的教育，其目的是让人学会尊重生命，理解生命的意义和生命与天、人、物的关系，学会积极生活、健康生活、自主发展，通过关爱生命、记录生命、感恩生命、分享生命，从而获得身心的和谐、事业的成功、生活的幸福，进而实现生命最大价值的自我实现。

生命教育是在充分审视人的生命本质基础上提出来的，符合人性的要求，是一种多层次充分关照生命的人文教育。"生命教育不仅教育青少年珍爱生命，而且启发青少年全面认识生命的意义，积极创造生命的价值；生命教育不仅告诉青少年关注自己的生命，而且帮助青少年关注、尊重、热爱他人的生命；生命教育不仅要造福人类，更要让青少年明白，最好让其他生命物种和谐共处在同一片蓝天下；生命教育不仅要关注今天生命的享受，更要关心明天生命的发展。"家庭可以从以下几个方面做好孩子的生命教育：

1. 保持积极态度，正向引导

父母只有自己对生命和死亡有正确的认识，才能引导孩子。李玫瑾教授说："孩子的感觉，很多时候是由父母的态度决定的。"如果父母不用积极的态度面对，总是回避，孩子不仅对生死没有界限感，还会增加困惑和恐惧，甚至会无意识地做出漠视生命的行为。不同年龄阶段的孩子身心发展不同，意味我们要用适合孩子的方法去解释。例如学龄期的孩子，他们和成年人一样有着一定的独立性和悲伤情结，他会不时地思考什么是死亡，死亡意味着什么。此时的孩子，家长不应该简单地敷衍，而是从科学的角度来解释生命问题。我们可以带他去博物馆或者看相关的科教视频，让他明白人是如何从出生到长大再到死亡，让他明白花开花谢、生老病死是人之常情，对孩子提出的关于生命的问题，我们要给予其正确的解答，比如生了什么样的病会有什么样的后果，人死之后会怎么样，在这个过程中，千万不要用恐吓的语言来加重死亡的恐怖气氛，这样孩子才能用更理智的眼光来看待死亡。

2. "生命教育"融入日常生活

妈妈十月怀胎，一朝分娩，是极其艰辛的事情，但这么伟大的付出，往往被部分家长说成了"你是充话费送的""你是从垃圾堆里捡来的"。虽是玩笑，但孩子听了不仅体会不到妈妈的辛苦，反而会怀疑自己是不是被别人抛弃过。敷衍的教育方式，可能会让孩子幼小的内心受伤。正视事实，反而能让孩子知道妈妈当年辛苦怀孕并生下自己，才能理解妈妈的付出和伟大，明白每个生命的来之不易。

如果家里有宠物的话，也是"生命教育"最好的"教具"。小猫、小狗等很可爱，孩子们都喜欢，在日常生活中，通过给宠物喂食、洗澡和陪伴，感受生命的活泼、幸福、珍贵，在这样的相处过程中，可以让孩子们懂得爱与责任，明白珍惜生命，善待缘分。

3. 在自然教育中感受生命

父母可以带孩子尽可能多地接触大自然，在大自然中感受生命的一些现象，从这些现象当中认识生命的珍贵。比如，在大自然中，小草、花朵、昆虫、小鸟等都是生命呈现出来的现象，特别是年纪小的孩子，在孩子们观察过程中，可以为他们讲述生长的过程，让孩子们感知生命的神奇、生命的力量，"大自然是对孩子成长最好的启蒙，生命的意义都包含在自然的万物之中。"

4. 接纳孩子恐惧的情绪，给予其足够的安全感

当孩子对死亡表现出恐惧时，我们要直面这种恐惧，这是生命教育的前提。并让孩子知道，爸爸妈妈会永远爱着他。只有给到孩子足够的安全感，孩子才能慢慢接受死亡。让孩子逐渐体验离别等难过的情绪，坦然和孩子分享自己悲伤的心情，引导孩子热爱生活，珍惜时光。哲学家萨瓦特尔说："认识死亡，才能更好地认识生命。"我们正视这个话题，是为了让孩子对生命有所敬畏，我们谈论"死"，是为了让孩子重视"生"。

第五节　责任担当

责任担当主要是孩子在处理与社会、国家、国际等关系方面所形成的情感态度、价值取向和行为方式。本书将从家庭生活知识和生活能力教育、社会伦理与行为规范教

育两个方面来培养孩子的责任担当。

一、生活知识和生活能力教育

基本生活知识和生存知识是人发展的前提，是个体参与社会交往和社会实践的基础性条件。因此，家长首先应对孩子进行基本生存和生活知识的教育。

（一）基本生存和生活知识教育

一个人要在社会中生存下来，首先应具备基本的生活知识和生存能力，这是人发展的前提，也是个体参与社会交往和社会实践的基础性条件。因此，家庭教育首先要对孩子进行基本生存能力的培养和教育。我们可以从以下几方面进行：

1. 教孩子掌握基本的生存技能

生存技能是指面临现实的生存问题时应当具备的基本技巧与能力。对于刚出生的新生儿，他（她）们什么都不会，如果没有对他（她）们进行教化培养，他（她）们便无法生存下来。对新生儿的教化培养，首先要教会他（她）们吃饭、喝水、走路、说话、穿衣等。其次，不同的生存环境，对人提出不同的生存技能要求。例如，父母应该尽早教孩子使用煤气灶、高压锅和洗衣机等家用电器，让孩子尽早懂得榔头、螺丝刀、钳子、锉刀、扳手等工具的用途和操作要领，并鼓励孩子在日常生活中经常使用。同时，父母也应该告诉孩子社会上的一些常见骗局和陷阱，告诉他们识别与逃脱的技巧等。

2. 生活自理能力的培养

自理能力是生存能力的起点，一个连自己的事情都处理不好的人，又如何在社会上生存下去呢？因此，我们应尽早对孩子进行生活自理能力的培养和锻炼。在平时的生活中，父母不仅应该教会孩子如何打理自己的生活，如自己穿衣、洗衣、买菜、做饭、倒垃圾、收拾房间、整理书桌等，还应该指导孩子在一些事情上独立做出自己的判断与选择，如是否参加夏令营活动等。这不仅锻炼和培养了孩子的自理、自立能力，还让孩子为大人分忧，培养了他的家庭意识和集体责任感。当然，在这个过程中，父母也不应该忘记自己的监督职责，但不应过度干涉。

3. 培养孩子的社交能力

社会是由形形色色的人组成的。当孩子懂得如何在人群之中生存时，那么他适应社会的能力便能提高。而且，良好的交往能力有利于孩子摆脱以自我为中心的心理，构建对自己、他人和社会的情感认知，获得归属感和安全感，更从容地面对未来生活的挑战。因此，父母应该让孩子广交朋友，让他从小学会如何与各类人打交道。从孩子幼年起，父母就应创造和其他孩子一起玩耍的机会，孩子稍大之后，更应使其多与社会接触，在与他人交往中启发其多动脑，多思考，增强辨别好坏是非的能力，逐步提升其对周围人与事的认识深度。

(二) 基本社会知识教育

在家庭教育中，在重视培养孩子的生活能力的同时，还要对其进行广泛的社会知识教育。对孩子进行社会知识的教育应是多方面的，社会需要什么知识，就应该对孩子进行什么样的知识教育。

1. 社会常识教育

家庭教育中应该根据孩子的年龄、接受能力及需要的实际情况，对他们进行一般的社会知识、历史知识及生活知识的教育，帮助孩子获得初步的社会政治、经济、文化等方面的知识，确立自己的发展定位。主要包括三个方面：首先要使孩子了解国家、民族、社会组织及社会形态等方面的知识。通过家庭教育使孩子知道：他（她）是一个中国人，他（她）清楚中国在世界上的地理位置，中国的悠久历史，中国在世界上的地位，我们国家的性质，我国的政权组织形式等基本情况，他的民族隶属，社会的基本组织状况等。随着孩子进一步接受学校的系统教育，孩子们会对这些知识了解得更丰富和更深刻。其次要进行社会形态教育，让孩子了解到我国是社会主义国家，中国实行社会主义是中国历史发展的必然选择，中国实行社会主义才使中国得到发展。短短几十年中，我国由一个一穷二白的国家，变成了一个初步繁荣、昌盛的国家，以优于资本主义的发展速度取得了世人公认的伟大成就。目前我国正处于社会主义初级阶段，我国正在进行社会主义现代化建设、构建社会主义和谐社会、全面建设小康社会等。最后要对孩子进行社会风俗知识教育。我国国家大，民族多，民俗及地域习俗复杂，要使孩子们熟悉并能适应社会生活，就要在家庭教育中对孩子进行本民族、本地域的社会文化及习俗的教育。还要通过各种方式让孩子了解其他民族、地区的风俗知识，让他们能够尊重民族习俗和文化的多样性。这种教育，既应尊重本民族、本地域的社会习俗，又应坚持社会主义精神文明建设的原则，而不应该将已被社会进步所淘汰或正在被淘汰的陈规陋俗再传授给下一代。

2. 适应环境知识的教育

环境是围绕着人的自然和社会的总体，每个人都生活在一定的环境中，每个人都受到周围环境的影响，家庭对孩子进行适应环境的教育必不可少。

(1) 适应自然环境教育。对孩子进行适应自然环境的教育可遵循由近及远、由简单到复杂、由局部到整体的顺序，逐步进行，并随着孩子年龄的增长而逐步深化和完善。在孩子较小的时候，应首先对孩子进行居住地的地理位置、地理特点和方位、气候变化等知识教育；随之可逐步进行当地物产、动植物的种类及生长情况的教育，以及更远的山川河流、地球、太阳、星辰、云雨等知识教育，使其逐步认识自然、适应自然、亲近自然。目前，众多电子产品的使用导致人与自然的异化，即人与自然的疏离、对立情况变得越来越显著。面对儿童的"自然缺失症",如何拉近生活与自然的距离,重建儿童与自然的联系,让儿童在真实世界中生活成长,是我们当今家庭教育不得不思考的问题。

因此,我们要创造机会在日常生活中潜移默化地进行自然教育,也可以通过家长刻意地安排和设计。让孩子亲近自然的方式很多,如种植活动,户外活动如徒步、露营、野外垂钓等。寻求与大自然的和谐亲近,探索大自然的浩瀚奥秘,是儿童应有的权利。

(2)适应社会关系的教育。人一出生就处在一定的人际关系中,孩子在未懂事之前,就被一定的人际关系包围着,关系最亲近、打交道最多的人,一般就是父母和家庭成员等。刚开始,孩子并不懂得这些关系的真正含义,随着年龄的增长,有了对人伦关系的逐渐认识,才逐步理解这些人际关系。随着孩子活动范围的逐步扩大,其周围的人际关系不断复杂,他们也逐步形成自己的社会活动范围和人际关系。孩子主要靠接受家庭教育和实际的社会生活来认识和适应周围的人际关系的。因此,家庭应该有意识地进行人际关系教育。注意,当一个孩子被过度"家庭化",即父母过度溺爱孩子,替代孩子做很多事情,那么孩子就只会对认同他、允许他、宽容他的人产生依赖,他就很难充分"社会化",将来就难以应对复杂社会环境和那些对他严格的人。

为了使孩子适应社会,在家庭教育过程中,不仅要使他们弄清楚他和周围人的人际关系,还应使其逐步认识他在整个社会中的位置及自己在社会中的角色,认识他和整个社会的关系、与社会上其他人的社会关系,如师生、同学、领导与被领导的关系等。帮助孩子获得这些知识,应该成为家庭教育的重要内容。

二、社会伦理与行为规范教育

孩子不但要在家庭中度过自己的青少年期,更重要的是走出家庭,在广泛的社会交往中,在广阔的社会舞台上施展才华、实现人生的价值和抱负。不同的职业、不同的岗位、不同的社会环境都是一种人类生活的共同体。在这些组织中,需要交往、合作和竞争,更需要规则、规范和纪律。在家庭教育中开展基本社会伦理与行为规范教育,既是孩子未来过卓越的社会生活所必需的内容,也是家庭为社会运行和谐有序所应当承担的基本责任

1. 社会伦理道德

(1)家庭伦理道德教育。孩子在家庭生活中,首先就应该学会家庭伦理道德。在当代中国的家庭教育中,应该摒弃旧社会的封建家长制、等级制及男尊女卑的伦理道德关系,用高尚的家庭伦理道德原则来教育和要求新一代。

在家庭中,让孩子懂得人人都应该尊老爱幼,子女孝敬父母有助于创造和谐家庭、和谐社会。"父慈子孝,子孝父心宽,家庭才能和谐"。要让孩子懂得,在家庭中应该人人平等、互助互爱,彼此关心体贴;男女老幼都应该相互尊重彼此的独立人格和基

本权利；处理家庭中的重大事务，既要尊重家庭中主要成员的意见，又应坚持民主原则；家庭成员的私事，应主要尊重其本人的意愿。如孩子选择恋爱对象、建立家庭等，就应该既要听取家长的指导性意见，又应该尊重当事人的意见。

（2）学校伦理道德教育。引导青少年过有意义、愉快、和谐、进步的校园生活，对于青少年未来的发展和成长具有重要意义。尊师爱生、团结同学、诚实待人是我国社会主义条件下学校中的基本伦理道德原则。

（3）社会公共道德教育。社会公德是指人们在社会交往和公共生活中应当遵守的行为准则，是维护公共利益、公共秩序、社会和谐稳定的基本道德要求。在我国，社会公共道德规范包括多方面的内容，但基本内容是：文明礼貌、助人为乐、爱护公物、保护环境、遵纪守法、尊重他人、不损人利己等。在家庭教育中，为了使孩子成为社会的合格成员，使其言行不违背公共道德，不损害家庭形象，不损坏国家、集体和他人利益，也使孩子在社会上受到应有的尊重，就应该用社会的公共道德来教育和要求孩子。

（4）职业道德教育。职业活动是人类社会生活中最常见、最基本的活动类型。职业道德是为规范和约束从业者的职业活动而形成的道德规范，是我们社会道德的重要组成部分。在现代社会中，职业道德教育的重要性日益凸显。它不仅关系到个人的职业发展和社会地位，更关系到整个社会的稳定和发展。各行各业既有统一的规范和要求，又有各自具体的形式和内容。但爱岗敬业、诚实守信、办事公道、服务群众、奉献社会等，应该成为各个行业普遍遵守的基本准则。在孩子走上岗位前，父母要通过自己的言行让孩子确立爱岗敬业的职业意识，形成敬业乐群的职业观念。当孩子走上工作岗位后，在家庭中就更应该通过多种形式教育孩子遵守职业道德，引导孩子成为一名敬业乐群的岗位工作人员。

2. 社会法规制度教育

相比成年人而言，青少年更容易走向违法犯罪的极端，因为青少年的身心发育还不健全，自我控制能力相对较差，同时再加上生活经历欠缺，遇到问题容易冲动，无法正确地思考和判断，很容易误入歧途。这就要求青少年要加强法律知识的学习，青少年通过学法可以增强自己的法律意识和法律观念，知道什么事是合法的、可为的，什么事是违法的、犯罪的、不可为的，从而自觉地履行法律规定的义务，用法律约束自己的行为，同时也能正确运用法律对待和处理自己身边发生的纠纷，保护自己的合法权益，成为适应社会发展需要的合格公民。家长可以通过以下途径对孩子进行法治教育：

（1）知法。知法就是了解法律常识，这是遵纪守法的基础。因此，家长应让孩子从小了解一些有关的法规，主要是与家庭生活、孩子学习成长以及社会生活关系比较密切的一些法律。如宪法、国旗法、义务教育法、青少年保护法、刑法、治安管理处罚条例、交通法规、环境保护法、计划生育法、兵役法、民事诉讼法、婚姻法等，并让孩子了解这些法规中与孩子直接相关的有关条款和要求。让孩子知道哪些事情是可以做的，哪些是不能做的，哪种行为是合法的，哪种行为是违法的。划清守法与违法的界线。

（2）守法。知法的目的是更好守法。所以，家长平时应经常教育孩子遵纪守法。首先是要使孩子懂得守法的重要性。让孩子懂得，要健全社会主义法治，就应增强法治观念，自觉遵守国家的各种法律法规。否则，就是错误的，有时甚至会产生严重的后果。其次，要求孩子在行动上处处自觉守法，决不能视法律为儿戏，不当一回事，更不能阳奉阴违，使孩子从小成为一名知法守法的小公民。

（3）护法。要加强社会主义民主，健全社会主义法治，还需要我们每个公民在知法守法的基础上作出更大的贡献，即护法，也就是自觉维护法律的尊严，与一切违法犯罪现象进行坚决的斗争。这一切，都需要我们家长在平时的生活中对孩子进行教育引导。

第六节 实践创新

实践创新主要是孩子在日常活动、问题解决、适应挑战等方面所形成的实践能力、创新意识和行为表现。本书认为可以通过家庭劳动素养和数字媒介素养的培养来提升孩子的实践创新能力。

一、劳动教育

核心素养的综合性、跨领域性与复杂性等特征，决定了核心素养的养成绝不是依靠哪一门学科就能够实现的，而是德智体美劳多门学科共同培养的结果，其中劳动教育对于孩子核心素养的养成有着重要价值。家庭作为劳动教育最初和最直接的场所，既会让儿童产生对劳动的第一印象，又会在潜移默化中促使孩子学习劳动，热爱劳动。

（一）劳动素养的内涵及关键成分

劳动素养是指人在长期劳动学习与实践过程中逐步形成的，适应个人终身发展和社会发展需要的价值观、必备品格和关键能力的综合表现，并表现出育人性、时代性和具身性等主要特点[1]。劳动素养主要包括劳动观念、劳动能力、劳动习惯和品质、劳动精神四个方面，它们相互联系，缺一不可。

---

[1] 王泉泉，刘霞，陈子循，等. 核心素养视域下劳动素养的内涵与结构 [J]. 北京师范大学学报：社会科学版，2021（2）：37-42.

1. 劳动观念

劳动观念是指在劳动实践过程中逐步形成的对劳动、劳动者、劳动过程和劳动成果的认知态度和一般看法，以及在此基础上形成的基本态度和情感。这些劳动观念主要表现在：儿童能尊重劳动，尊重普通劳动者，理解不同职业劳动者的辛苦和幸福，懂得"三百六十行，行行出状元"的道理；能正确认识劳动对个人生活、家庭幸福、社会进步、国家富强和人类发展的意义，懂得劳动创造了人民，劳动创造了财富，劳动创造了幸福。能正确认识劳动对个人生活、家庭幸福、社会进步、国家富强和人类发展的意义，懂得劳动创造人，劳动创造财富，劳动创造美好生活；能尊重劳动，牢固树立劳动最光荣、劳动最崇高、劳动最伟大、劳动最美丽的观念。

2. 劳动能力

劳动能力是指顺利完成与个体年龄及生理特点相适应的劳动任务所需的胜任力，是个体的劳动知识技能、思维行动方式、劳动创新创造等在劳动实践活动中的综合表现。主要表现为：孩子能够掌握满足日常生活和社会发展所需要的基本劳动知识和经验，并注重运用所学知识解决实际问题；掌握日常生活自理所必需的技能，会使用常用劳动工具和设备，能采用一定的技术方法进行问题解决和需求实现；能够在学习和借鉴他人丰富经验、技艺的基础上，勇于尝试新方法、探索新技术；能发现劳动实践过程中存在的问题，并创造性地提出解决方案，根据实施情况在劳动中不断优化和改进解决方案，促进劳动实践活动的变革与进步。

3. 劳动习惯和品质

劳动习惯和品质是指通过经常性劳动实践形成的稳定行为倾向和积极人格特征。主要表现为：孩子在劳动实践中所形成的自觉主动、安全规范、坚持不懈、注重效率等习惯，以及在动手实践、出力流汗过程中所形成的吃苦耐劳、艰苦奋斗等意志品质和诚实守信、勤俭节约、责任担当等人格特征。

4. 劳动精神

劳动精神是指在劳动观念、劳动能力、劳动习惯和品质的培养过程中形成和发展的，在劳动实践中秉持的关于劳动的信念信仰和人格特质。主要表现为：孩子能领会"劳动是一切幸福的源泉""幸福是奋斗出来的"的内涵与意义；继承中华民族勤俭节约、敬业奉献的优良传统；弘扬开拓创新、砥砺奋进的时代精神；感知爱岗敬业、甘于奉献的劳模精神；培育百折不挠、艰苦奋斗的革命精神，以及精益求精、追求卓越的工匠精神。

(二)家庭开展劳动素养教育的方向与路径

1. 家长认识到"让孩子劳动"的重要性

蒙台梭利教育体系认为：动作训练可以培养孩子自我管理能力，培养其责任感和良好的生活习惯，代替、限制动作技能的发展不利于独立性和自我管理能力的培养。从儿童大脑发育的角度来说，劳动尤其是家务劳动是让孩子变得更聪明的必需的教育手段。脑科学研究已经证明了劳动可以促进大脑的发展，人的身体凡是会动的地方，包括舌头、下巴、嘴唇、手、脚、胳膊、腿等都在大脑运动皮质区有相应的连接和显现。哈佛大学的心理学者曾对153名儿童做了长达20年的追踪研究，发现从小爱做家务的孩子未来有显著更高的就业率以及显著更低的犯罪率、离婚率，甚至患心脏病的概率也更低。由此可见，小时候是否养成爱劳动的习惯，关乎人的一生。因此，家长要充分认知孩子脑发育的关键时期和劳动对孩子大脑发展的重要性，多在生活中创造让孩子自己动手的环境和机会，为孩子的终身发展打好基础。

2. 明确家庭劳动教育的内容

家长应根据孩子的年龄阶段，确定家庭劳动教育的主要内容。

第一，幼儿及小学低年级。

基本思想：围绕劳动意识的启蒙，让孩子学习日常生活自理，感知劳动乐趣，知道人人都要劳动。可以以简单的个人生活起居为主要内容，培养孩子的劳动意识和劳动安全意识。

主要劳动内容如下：

（1）完成个人物品整理、清洗，进行简单的家庭清扫和垃圾分类等，树立自己的事情自己做的意识，提高生活自理能力。

（2）参与适当的家务劳动，主动维护家庭环境卫生。参与洗一双筷子、摆一下拖鞋、随手擦干净洗手池、择菜切肉等劳动。家长可以让孩子进行家庭家务劳动的分工和指挥，提高孩子参与劳动的积极性。

（3）进行简单手工制作，照顾身边的动植物，关爱生命，热爱自然。

第二，小学中高年级。

基本思想：体会劳动光荣，尊重普通劳动者，初步养成热爱劳动、热爱生活的态度。

主要劳动内容如下：

（1）参与家居清洁、收纳、整理，制作简单的家常餐等。每年学会1—2项生活技能。增强生活自理能力和勤俭节约意识，培养家庭责任感。

（2）参加垃圾分类处理，适当参加社区环保、公共卫生等力所能及的公益劳动，增强公共服务意识。

（3）初步体验种植、养殖、手工制作等简单的生产劳动，初步学会与他人合作劳动，懂得生活用品、食品来之不易，珍惜劳动成果。

第三，初中。

基本思想：增加劳动知识、技能，加强家政学习，开展社区服务，适当参加生产劳动，初步养成认真负责、吃苦耐劳的品质和职业意识，增强公共服务意识和担当精神。

主要劳动内容如下：

（1）承担一定的家庭日常清洁、烹饪、家居美化等劳动，进一步培养生活自理能力和习惯，增强家庭责任意识。

（2）不定期带孩子参与助残、敬老、扶弱等服务性劳动，初步形成负责任的态度和社会公德意识。

（3）适当体验包括木工、电工、陶艺、布艺等项目在内的劳动及传统工艺制作过程，尝试家用器具、家具、电器的简单修理，参与种植、养殖等生产活动，学习相关技术，获得初步的职业体验，形成初步的生涯规划意识。

第四，高中。

基本思想：丰富职业体验，开展服务性劳动、参加生产劳动，熟练掌握一定的劳动技能，理解劳动创造价值，具有劳动自立意识和主动服务他人、服务社会的情怀。

主要劳动内容如下：

（1）持续开展日常生活劳动，增强生活自理能力，固化良好劳动习惯。

（2）选择服务性岗位，经历真实的岗位工作内容，获得真切的就业体验，培养职业积极性，参与社区建设、环境保护等服务，强化社会责任意识。

3. 让孩子爱上家务劳动

（1）看到孩子的独立性，不过度保护。但凡孩子力所能及的事情，即使孩子做得不够好，家长也不必过于担心。

（2）每周一次贴出孩子要干的家务劳动内容。列出家长和孩子各自应做的事情，不能让孩子感到父母只是在吩咐他做家务，要和孩子一同体验劳动的过程。

（3）给孩子提供指导和监督，以鼓励和表扬为主。即使孩子由于能力不足，没能达到预期的效果，家长也要充分肯定孩子的努力，具体告诉孩子哪些做得很好，如何才能做得更好。

（4）不命令孩子做家务，向做家务的孩子道谢。孩子完成家务后，向孩子真诚道谢，给孩子一个拥抱，这种真诚的感谢会增进亲子关系，也能让孩子更积极地成为做家务的好帮手。

（5）帮助孩子处理好学习、娱乐与劳动之间的时间分配。让孩子轻松享受劳动带来的快乐而不是负担。

4. 与学校劳动教育打好配合，帮助孩子形成良好的劳动体验

家庭劳动教育与学校劳动教育不可分割。家庭是发挥劳动教育的第一场所，学校

是劳动教育的主阵地,家庭要与学校做好家校协作。学校安排的家庭劳动"作业",家长要积极支持并创造条件鼓励孩子完成。有的家长一听说学校布置了家务劳动或义务服务等,就觉得是浪费学习时间;也有的家长会代替孩子做家庭劳动作业,这些做法不仅影响学校劳动教育,对孩子劳动素养的形成也有不良影响。家长要主动与学校配合,在价值引领、家庭生活安排、学习与劳动的关系等方面与学校既保持一致的方向又互相促进。家长还要在家庭生活中积极配合学校的要求,帮助孩子产生良好的劳动体验,使孩子在劳动中体验到快乐,这样才能使孩子对劳动有亲近感和接纳感,主动参与家庭劳动,达到知行合一,成长为德智体美劳全面发展的新一代。

二、数字媒介素养教育

随着信息技术的飞跃发展,人类社会进入了一个全新的数字化时代。各类数字媒介的使用不断改变着我们的学习和生活,什么是数字媒介?严格来讲,任何以二进制为信息编码的内容和电子设备都是数字媒介,不过从日常生活的角度来说,数字媒介可以理解为我们一般使用数字设备(手机、平板、电脑、智能手表等)和它们上面搭载的内容(音频、视频、图像、文字、游戏等)。媒介信息已经如同阳光、水、空气一样成为人们生存的必需品[1]。但网络世界五花八门,孩子还不具备成熟的判断力,很容易被网络世界迷惑。我们无法阻止孩子进入千变万化的网络世界,但在数字时代给孩子们赋能,比把他们放在安全的环境里保护起来更为重要。

(一)数字媒介素养的概念和内涵

2011年,美国图书馆协会成立数字媒介素养工作组,该工作小组将数字媒介素养定义为:使用信息和通信技术去发现、理解、评估、创造和交流信息的能力,同时也包含认知和技术能力。[2] 数字媒介素养由数字媒介知识、数字媒介使用能力、数字媒介使用态度三个方面构成[3]。

1. 数字媒介知识

数字媒介知识是指生产、获取和识别数字信息所需的知识,以及正确使用数字媒体的知识,包括理论知识和技术知识。理论知识包括概念性知识和有关数字媒体信息生产的知识;技术知识是如何使用数字媒体的知识,是人们能够正确使用数字媒体的关键。

---

[1] 孙卫国,祝智庭. 媒体素养教育:现代教育新理念——国内外媒体素养教育概览 [J]. 电化教育研究,2006,27(2):18-23.

[2] American Library Association. Digital literacy,Libraries,and Public Policy:Report of the Office for Information Technology Policy's Digital Literacy Task Froce [EB/OL]. 2013-01.

[3] 张燕. 大学生数字媒介素养提升对策研究 [D]. 杭州:浙江工业大学,2016.

2. 数字媒介使用能力

数字媒介使用能力是指人们根据自身需要，利用数字媒体的功能为自己的学习和生活服务的能力，包括应用信息、创造内容、交流互动和解决问题的能力。

3. 数字媒介使用态度

数字媒介使用态度是指人们在使用数字媒介过程中所体现出来的价值判断和情感倾向。数字媒体态度包括批判性、社会责任感和道德意识。

（二）家庭培育青少年数字媒介素养的途径

截至 2023 年 6 月，我国网民规模达 10.8 亿人，其中 10 岁以下网民和 10—19 岁网民占比分别为 3.8% 和 13.9%，青少年网民数量近 2 亿。大部分青少年在家里接触各类数字媒介，因此家庭应成为青少年数字媒介素养教育的主要阵地。

1. 家长正确认识数字媒介，使数字媒介成为育儿的工具

数字媒介不是家长的敌人。相信在很多儿童的生活里，数字媒介已经提供了在家接受优质教育的机会，也给孩子提供了联系亲友、找到同好、钻研兴趣、表达自我的平台。因此，培养儿童的数字媒介素养，正是帮助儿童在锻炼自我保护能力、规避风险的情况下，充分地享受到数字媒介为学习和生活带来的巨大机遇与便利。

家长利用数字媒介进行亲子活动，如陪孩子看数字内容、陪玩数字游戏等，都是非常有价值和意义的。在陪伴的过程中，家长可以跟孩子解释数字内容当中存在的与现实相符或者不符的部分，用数字内容里面丰富的情节进行启发式的讨论；及时指出不当行为和不良价值观，消除数字内容可能带来的消极影响。总之，如果家长能够对孩子的数字体验保有好奇和热情，积极了解孩子的数字媒介用途，开诚布公地讨论使用上的问题，为遇到问题的孩子创造一个安全、包容的倾诉空间，那么，数字媒介将可以让家长和儿童的连接更加紧密，成为另一个有利的育儿工具。

2. 规范管理孩子的数字媒介使用，家长扮演好监督者角色

目前的网络环境并没有达到"儿童友好"的程度。在没有信息过滤的情况下，一个未成年人可能会遇到网络暴力、诱导消费、谣言造假、数字成瘾、隔空猥亵等威胁。让儿童在没有监督和限制的情况下使用数字媒介，就像是让小红帽自己到森林里去找外婆一样——遇到大灰狼是迟早的事。所以，请不要毫无防备地把数字媒介留给儿童独自使用，对儿童使用数字媒介的时长和内容进行限制、监督和引导，是非常有必要的。想让孩子更安全地使用数字媒介，有些简单易行的小办法可以先用起来：如把数字设备放在公共区域（比如客厅）使用，而不让孩子拿到自己的房间；提前沟通和确定安全上网规则，比如，不跟陌生人交友，不给他人发自己的敏感部位照片、视频，不向老师、同学以外的人透露家庭住址，进行网络消费前要得到家长同意等；与孩子

共同讨论可以花多长时间在数字媒介上，让孩子参与决策，化他律为自律；在孩子知情的情况下在数字设备上进行家长监督设置等。家长要规范管理孩子的数字媒介使用，帮助孩子完成自我管理、自我约束、自我进步，防止网络成瘾。

3. 提升家长的数字媒介素养，做好青少年的数字媒介使用指导

家长必须正视一个事实——对作为"原住民"的未成年人而言，"70后""80后"父母的数字媒介素养未必优于子女，因此家长们要加强自我学习，鼓励知识"反哺"。首先，家长应与时俱进，及时更新完善自己的数字媒介素养知识，加强对未成年人数字媒介使用的教育、示范、引导和监督，提高数字媒介素养教育的时效性。网络信息良莠不齐，要引导孩子学会思辨和评价信息。家长要做的是：坚决拒绝标题党新闻，把握重点，找出关键，并确认信息的来源，引导孩子学会判断信息是否靠谱、是真是假，事情真相最可能接近哪一种。引导孩子学会灵活运用信息，当孩子对一些现象感到好奇时，可以回答自己也很感兴趣，顺势给孩子布置一些作业，让孩子自己去查资料，获取答案。当孩子不知道怎么下手时，教孩子学会分析和搜索，以及使用电子设备。引导孩子向大家展示或讲述自己的成果，包括做一些统计图表、图文并茂的说明书和科普PPT、小故事甚至简单的小视频等。最后教孩子分享自己的成果，解答一个群体的困惑，锻炼自己的表达能力，同时还有可能获得其他同伴的认可与喜爱。

此外，面对各类互联网安全隐患和网络风险，科学引导是关键。作为社会知识和实践经验更为丰富的成年群体，家长需尽早告知未成年子女网络安全风险与隐患的具体内容、表现形式以及应对措施，以易于其理解和接受的方式及时丰富和完善未成年人在该问题上的认知储备，从而使未成年人树立网络安全防范意识和自我保护意识，并在语言沟通和意见交换的过程中建立未成年子女与家长之间的信任机制，强调家长在未成年子女网络安全保护中所扮演的重要角色和所处的重要地位，引导未成年人在遇到网络安全事件时及时向家长寻求帮助，从而最大限度降低网络安全隐患所带来的不良后果及影响。

4. 加强对青少年网络道德和法治教育

在匿名化的网络环境中，网民群体以一种符号化的形式存在，在讨论和评判网络舆情时，一些人习惯于撕下道德面具，回归"真我"，在"法不责众"意识的影响下，言行容易情绪化甚至极端化。因此，要让孩子知道，法律和道德的底线是不能触碰的，虽然网络看似给了我们"隐身"的能力，但匿名并不等于隐身。一旦你的言行触碰了国家的尊严，对他人造成损伤，就会受到法律的制裁。我们要教育孩子规范网络言行，践行网络道德，不要为了一时的好玩而犯下无法抹去的错误。家长可以通过生动的事例，让青少年了解自己的网络行为可能给他人和社会带来的影响，从而培养青少年在网络空间的责任意识，提高他们认识自己网络行为后果的能力，增强他们在网络使用中的道德自律能力，形成健康的道德人格和网络人格。

第四章
家庭环境建设与优化

家庭环境对于一个家庭来说至关重要，良好的家庭环境是家庭教育的外部条件，能够间接改变家庭教育的方向。因此，家长要有意识地为孩子营造一个和谐、良好、优美的家庭生活环境，让孩子在潜移默化中受到影响，从而培养孩子优良的思想品德、高尚的道德情操和良好的行为习惯。

第一节 家庭环境概述

一、家庭环境的含义

家庭环境是指个体生活在其中的家庭各种条件的总和，它由多种因素构成，是一个多维的、复杂的概念集合体。在众多的家庭环境分类中，具有代表性的分类是将家庭环境分为家庭物质环境、家庭社会环境和家庭心理环境。家庭物质环境是指家庭的物质条件，包括家庭内部的各种设施和外部的生活条件；家庭社会环境包括父母的职业、受教育程度、家庭经济状况、家庭结构、子女数量等因素；家庭心理环境包括家庭氛围、父母的期望、家庭的教养态度等[1]。心理学一般将影响人身心发展的家庭因素分为客观因素和主观因素两部分：客观因素是指不以人的意志为转移的因素，如父母的职业和受教育程度、家庭经济状况、家庭结构等；主观因素是指家庭成员可以控制

---
[1] 周新富. 家庭教育学：社会学取向[M]. 台北：台湾五南图书出版股份有限公司，2015.

的因素，如家庭氛围、父母的价值观、生活方式、对子女的期望和态度等。本书认为良好的家庭教育应尊重客观现实，在接受家庭客观情况的基础上，通过对家庭环境的主观因素方面进行塑造，从而营造良好的家庭教育环境。所以本书探讨的家庭环境更多从家庭主观性因素方面来进行，将家庭环境概括为家庭物理环境、家庭文化环境和家庭心理环境三个方面。家庭物理环境主要指的是家庭的生活场所，它包括居住地，以及家具设备和布置。家庭文化环境主要指父母的教育观念、教育态度、教育能力等方面。家庭心理环境是指家庭成员在家庭生活中长期形成的感受、情绪和态度等心理状态的总和。

二、家庭环境对儿童成长的作用

儿童在特定的环境中成长，儿童最早接触、接触时间最长的环境就是家庭。因此，就影响的深度和广度而言，任何环境因素都无法与家庭环境对儿童成长的作用相提并论。家庭环境不仅影响儿童的身体健康，还影响他们的心理健康和社会适应能力。首先，家庭环境对孩子性格的形成有重要影响。父母的教育方式、情感态度和家庭氛围都会影响孩子的性格发展。例如，民主和谐的家庭氛围有利于培养孩子积极的性格和乐观的态度，而专制和冲突的家庭环境则可能导致孩子出现消极的性格和情绪问题。其次，家庭环境也会影响孩子的学习成绩。父母对教育的重视程度、学习资源的可获得性以及家庭学习环境都会影响孩子的学习成绩。如果父母积极参与孩子的学习，提供良好的学习环境和资源，并鼓励孩子努力学习，那么孩子的学习成绩往往会更好。家庭环境对儿童的社会适应也有影响。家庭中的价值观、行为榜样和社会化过程会影响儿童的社交技能和人际关系。

家庭环境对孩子的成长具有重要影响。父母应该重视家庭环境的营造，为孩子提供一个健康、和谐、有利于成长的家庭环境。

三、正确认识家庭社会经济地位对儿童发展的影响

由家庭的社会经济地位决定的家庭资源（经济和社会）对儿童产生"梯度效应"，并深刻影响家庭环境的各个方面。社会经济地位不同的儿童往往在身体、学业成绩、心理健康和行为方面有不同的结果，这是因为不同社会经济地位的家庭在儿童或青少年成长过程中投入的经济或社会资源不同。那么，社会经济地位较低的家庭就不能培养出优秀的孩子吗？研究表明，家庭社会经济地位对儿童的发展有一定的影响，但不起决定作用。事实上，家庭社会经济地位通过养育方式间接对儿童的社会能力或行为问题等产生影响。例如，研究表明，社会经济地位较低的家庭的父母对子女的限制或惩罚较多。父母对子女采取较严厉的惩罚措施，是典型的以父母为中心的教养方式或专制风格。此外，研究人员还发现，家庭社会经济地位较低的父亲对子女养育的参与程度明显低于家庭社会经济地位较高的父亲。

我们可以看到，越来越多的研究表明，儿童的发展更多地受到主观家庭环境的影响，客观家庭环境对他们的影响要小很多。因此，我们在为孩子创造良好的家庭环境时，家长不能只关注家庭经济、居住条件和生活设施等客观环境对孩子成长的影响，更重要的是家庭应该努力为孩子营造利于其成长的软环境。

第二节 物 理 环 境

一、家庭物理环境的含义

家庭物理环境主要指家庭的居住条件、生活设施等，表现为家庭的居住地，以及房屋、居室的布局、物品的安放、采光以及房屋、居室的色彩及装饰等方面。家庭的居住环境为家庭提供生活的空间，家中物品的选择、放置及家居环境的布置对孩子健康生活习惯的养成和审美情趣的培育等有重要意义，做好家庭居住环境的布置整理、营造好的居住环境共同促进孩子健康成长。

古时有"孟母三迁"的佳话，说的是"亚圣"孟子的母亲为了能给孟子找一个好的成长环境，从坟场搬到市场，最后搬到学校附近，从而成就了一代圣人。这说明孟母明确地意识到居住环境对个人成长的重要意义。在现代社会中，父母在选择房子时也会有意识地选择宁静、和谐的住宅区，居住在离学校近、方便孩子入学的地方，也是因为这在一定程度上有利于孩子的健康成长。

不仅居住环境对孩子成长有重要意义，家庭的室内环境也会影响孩子的健康成长。瑞典心理学家丹尼尔曾做过一个实验。实验中，一个房间被装饰成淡雅、悦目的颜色，并播放轻柔的抒情音乐；另一个房间装饰怪异，并播放躁动不安的乐曲。当受试者（10—15岁的儿童）在第一个房间里度过一段时间后，他们产生了一种恬静感；当他们在第二个房间里度过一段时间后，他们产生了一种烦躁感。当心理学家向不同房间的儿童提出一个挑衅性的问题时，第一个房间的儿童表现得较为理性，甚至幽默地回答，而第二个房间的儿童则往往失去控制，踢门，甚至骂脏话。该研究充分说明了一个良好、温馨的家庭室内环境对孩子健康成长的重要作用。但什么样的家庭室内环境更有利于孩子健康成长呢？这是很多家长困惑的问题。

二、家庭室内环境建设

"孟母三迁"告诉我们居住环境对孩子的成长具有重要的作用，但由于家庭经济水平的差异，我们在无力改变家庭外部居住环境的情况下，应该设法为孩子创设一个井井有条、温馨和睦的室内环境，这样的家最能满足孩子成长所需要的安全、稳定、支持、依靠、呵护与关爱。

（一）创设优美、整洁的居住环境

虽然各个家长有着不同的审美观点和爱好，但是从儿童教育的角度考虑，家庭环境色彩不宜过于花哨和艳丽。研究表明，过多的色彩和装饰不利于儿童视觉的发育，而且会使儿童的注意力分散。

家居布置时应注意以下三点：

(1) 空间位置要宽松，不同的区域让它发挥不同的功能。

(2) 空间陈设要富有文化气息，要精致，要有个性，要实用。

(3) 空间色调以温和、愉悦、舒适、淡雅为主，避免刺激。

因此，室内家具和其他陈设应与家居区域相协调，恰到好处。比如：居室面积较小，家具应相对少些、小些、实用些，最好把橱柜、椅子、桌子相应地集中在一个范围内，尽量留出一定的活动空间；家具既要考虑实用，方便生活、学习，又要井然有序，给人以美感，起到陶冶性情的作用；此外，还要考虑到盆景花卉如何摆放，室内整体色彩如何设计等问题。

此外，保持物品干净整齐。干净整洁的居住环境，不仅能保障家人的身体健康，还会给人一种舒适、亲切的感觉，形成和谐美好的氛围。相反，脏乱差的居住环境，不仅不利于家庭成员的身体健康，还会使人烦躁、压抑，容易养成懈怠、懒惰的坏习惯。

最后，保证空气流通。美国环保署的一位工作人员曾做过一项测试，结果让人大吃一惊：环境污染程度最严重的不是街道，也不是工厂区，而是自己的家。据分析，煤气、煤油炉燃烧、吸烟等，都会给空气中增加多种有害物质。如果室内有一个人经常吸烟，那么室内空气污染程度将超过工厂 24 小时允许排放的污染总量。空气污染对人的情绪和健康的不利影响是众所周知的。为了孩子和其他家庭成员的健康，一定要注意保持室内空气清新，尽量避免有害气体进入居室。此外，室内的采光、照明和湿度也值得注意。

（二）创设家庭文化设施

由于经济条件和文化素养的差异，不同家庭的文化设施也大相径庭。一般来说，家庭文化设施既要考虑家庭成员在家休息娱乐的需要，充分发挥家庭的休息娱乐功能，又要注重成年人的继续学习和未成年人的全面发展，充分发挥家庭的教育功能。家庭文化设施包括书籍、报刊、电脑、音像设备、乐器、游戏和体育器材等。其中，书籍、报刊、电视、电脑的使用尤其值得关注。

书籍、报刊等精神食粮在家中必不可少。家庭若建立一个小型"图书馆"或书架、图书角，逐步增加其藏书量，吸引孩子在课外时间和节假日集中进行课外阅读，这不仅对孩子丰富知识、开阔视野、陶冶情操、净化心灵大有裨益，也有利于促进大人不断学习，提高家庭文化生活的品位。家长应根据不同年龄段孩子的特点，为孩子选购类型多样、内容健康的书籍、报刊，成为孩子读书看报的榜样。

（三）创设一个自由领地，培养孩子的自理能力

蒙台梭利曾说："真正可以帮助孩子建构自我的方法，是给孩子创设一个可以自己运作的环境，让他们可以通过这些环境中的物品，帮助自己在其中真实地生活。"因此，让孩子拥有一个自己支配的空间非常重要。

有能力的家庭应该为孩子提供一个安静、独立的房间。孩子的房间，除了遵循优化居住环境的一般要求外，还应注意孩子健康成长的一些特殊要求。如卫生方面，白天光线充足，夜间照明适当，桌椅高度与孩子身高比例合理；安全方面，消除可能导致触电、烫伤、磕碰、绊倒等隐患；益智方面，注意思想性、知识性、新颖性的统一，能引起孩子学习的积极性；富于童趣方面，既要适应少年儿童的年龄特点，又要符合少年儿童的气质、性格、爱好等个性特征。可以考虑为孩子设置三个柜子和一个小园地。三个柜子，一是书柜（或书架），孩子的书要整齐地摆放起来，便于取阅和存放，从这里养成爱看书的习惯；二是玩具柜，把新旧玩具整齐地摆放到柜子里，旧玩具玩腻了，过一段时间再玩，又会感到亲切、新鲜；三是工具柜（工具箱），存放适合孩子使用的小剪刀、硬纸板、木槌、电池、电珠等，方便孩子制作和实验。小园地墙上挂一块小黑板或设置一块表扬栏，让孩子画画、认图形、认字、认词；表扬栏可以记录孩子的进步。

如果缺乏上述条件，我们也应尽量让孩子有一点自己主宰的地方，如提供一张小床、一张小书桌、一个小书架、一个小玩具箱等，并尽可能使这些"自由领地"不受他人干扰。孩子在自己活动的小天地里，他的精神往往处于最佳状态，会玩得有意义，学得有兴趣。为了充分发挥孩子"自由领地"的教育功能，家长要给予指导和帮助，但不要包办代替。房间的布置和打扫，尽量让孩子参与，如床铺、文具、图书、玩具，逐渐放手让孩子自己动手。有的家长对孩子的家庭生活全部实行"包办"，比保姆有过之而无不及，其用心可谓良苦，结果往往是：孩子进了学校，甚至上了大学，还缺乏生活自理能力，难以适应集体生活，对社会生活感到无所适从，成了生活的"低能儿"。

第三节　家庭文化环境

一、家庭文化环境概述

家庭文化是指在家庭中形成的、反映着家庭价值观念、行为风格、文化传承的一系列思想观念、风俗习惯与行为规范的总和。家庭文化的主要成分包括道德规范、行

为准则、传统婚姻、家族谱系、家规家训、姓氏文化等，这些成分在家庭中源远流长、历久弥新。

家庭文化对于一个家庭来说至关重要，不仅代表了家庭的价值观念，也是家庭成员团结联系的纽带。良好的家庭文化能够为孩子们提供正确的成长环境，陶冶情操，培养健全的人格，为社会进步做出贡献。然而，在当今社会，很多家庭已经失去了本应有的家庭文化。随着社会的快速发展和人们生活、工作压力的增加，很多家庭已经无法抽出时间和精力去关注家庭文化的建设，导致一些消极的家庭文化开始影响着家庭的发展和子女的成长。

因此，我们应该及时重视并发扬家庭文化，创建良好的家庭文化氛围，在日常家庭生活中用行动去践行家庭文化。家庭文化氛围主要由家庭成员的生活方式、价值观念和行为规范决定的，并且随着家庭成员的共同生活而形成。我们可以从践行健康的家庭生活方式、优良家风的传承与营造、创建学习型家庭等几个方面创建良好的家庭文化环境。

二、践行健康的家庭生活方式

家庭生活方式是指家庭成员在家庭生活方面的追求倾向和行为方式，具体表现在饮食、起居、行为举止、人际交往、闲暇利用等方面。家庭生活方式受一定社会的经济、政治、文化的影响，又取决于家庭结构和家庭观念，家庭结构属客观因素，家庭观念属主观因素，二者相辅相成，作为家庭自身最基本的因素决定着家庭生活方式。因此，不同的时代，不同的家庭，不同的家庭成员，有着不同的家庭生活方式。形成健康文明的生活方式，是优化家庭文化环境的最重要一环。

1. 良好的饮食习惯

健康的饮食习惯是家庭健康的基础。现代人生活节奏快，往往都忙于工作和学习，没有时间准备健康的饭菜。很多人因此而选择了快餐或者外卖，这些食品通常都含有高热量、高脂肪和高盐等不良成分，长期食用容易引发肥胖、高血压、心脏疾病等。因此，应该确保为家庭提供全面、均衡的膳食，包括五谷杂粮、蔬菜、水果、蛋白质和健康脂肪，减少高糖、高盐和高脂肪的食物的摄入。同时，提倡一日三餐要适时适量有规律，尽量避免快餐和外卖，鼓励全家人一起坐下来慢食，营造和谐的饮食氛围。吃饭时，不说不愉快的事，不责骂孩子，不让孩子边吃边玩等。

2. 坚持适宜的运动

现代生活忙碌，但我们不能忽视身体锻炼的重要性。适宜的运动可以增强家庭成员的体质和免疫力，减轻压力和焦虑，调节心理平衡，改善睡眠。因此，可要求家庭成员每周至少从事2—4次、每次30分钟的适宜的健身运动（运动时心率达100—124次/分）。要选择合适自己的运动方式适度锻炼，不运动或者不科学的运动都会伤害身体健康。

3. 建立合理的作息制度

现代人生活节奏很快，作息时间混乱，往往没有足够的时间来休息和放松。家庭成员可以通过时间管理来减轻压力和疲劳。合理分配时间，家庭生活起居做到有规律，早睡早起，确保每个家庭成员都有足够的时间来休息和娱乐。因此，孩子在一天里，什么时候起床？起床后干什么？上学前、放学后应当怎么样？饭前、饭后怎样讲究卫生和做家务？什么时间学习、玩游戏、看电视、玩电脑？学习、休息、玩耍、准备睡觉时注意些什么？如何自理？等等，都要有明确的要求，并使之逐渐养成习惯。

4. 保持心理平衡

由于现在的社会压力剧增，不少人都出现了心理不平衡的情况。心理平衡是一种动态平衡，是一种没有束缚的自由轻松的状态，当人们心中有执着的念头时，如果这种执着一直控制着人们的内心，人们就会失去平衡。所以，人们需要用升华、幽默、外化、合理化等手段来调节对某一事物得失的认识。一个人只要掌握了心理平衡，就是掌握了身体健康的"金钥匙"。我们可以通过一些方法来保持心理平衡，如保持平和的心态、对自己不要太苛求、接受缺陷、找人倾诉烦恼等。

5. 文明的言行举止

古言道："不矜细行，终累大德。"一个人的言行举止可以体现其道德和品行。好的言行举止是形成良好文明礼仪习惯的基础，从一个人的言谈举止便可以判断出他的性格特点。文明的言行举止主要表现为：一是语言文明得体，即使用礼貌用语，并注意说话的态度、方式，做到和气、谦逊，不讲粗言、脏话，不强词夺理，不恶语伤人；二是举止动作优雅合适，坐有坐相，站有站样，爽直而不粗鲁，活泼而不轻佻，恭敬而不迂腐，轻松而不懒散，不出现让人家感到不舒服的举动。

三、优良家风的弘扬与传承

中国自古以来的家训、家诫、家风等都强调良好的家庭环境、家庭风气对子女的影响。习近平总书记在 2015 年春节团拜会的讲话中就已指出："不论时代发生多大变化，不论生活格局发生多大变化，我们都要重视家庭建设、注重家庭、注重家教、注重家风。"传统优良家风在本质上属于意识形态层面，反映个体的价值取向，指引个体的行为实践，可以说，优良家风是家庭文化的核心组成部分，在家庭文化建设中发挥着重要作用。

（一）家风概述

"家风"一词源于西晋潘岳的家风诗，从此家风一词逐步流传。《婚姻家庭大辞典》

提出家风是社会风尚的层次之一，是一个家庭或者家族比较稳定的生活习惯、道德规范、为人处世的总和❶。《现代汉语词典》指出："家风"即"门风"，"门风"是指"一家或一族世代相传的道德准则和处世方法。可见，家风是家庭传统的延续，是家庭价值的体现，更是家庭文化的凝聚。家风是由父母（或祖辈）所提倡并能身体力行的生活方式、生活作风、行为习惯、道德规范等，在日常生活中通过言传身教、规范约束等方式规范、影响家庭成员，使家庭形成一个良好的风尚。

党的十八大以来，习近平总书记多次强调传承中华民族的优良传统，学习和弘扬老一辈人的优良品德的重要性，紧密结合新时代特征，构建具有时代特色的新时代家风。习近平总书记在2016年12月会见全国第一届文明家庭代表时强调全社会要广泛参与家庭精神文明建设，要"推动形成爱国爱家、相亲相爱、向上向善、共建共享的社会主义家庭文明新风尚"❷，这从总体上概括了优良家风的科学内涵，阐明了新时代应培育什么样的"好家风"。爱国爱家是新时代好家风的基本价值内核，是传统价值追求与当代社会主义核心价值观相融合的体现。家庭成员相亲相爱是新时代好家风的真挚情感追求，培育相亲相爱的家风，让家庭成员在生活中感受爱、学会爱、培养爱的能力，从而实现爱自己、爱他人、爱家乡、爱祖国的统一。向上向善是新时代好家风的根本道德取向，向上即立志奋发，树立坚定的理想信念；向善即仁爱行善，做对自己、对他人、对社会有益的事，向上与向善相辅相成，缺一不可。共建共享是新时代建设好家风的基本方法论。共建，就是要把家国情怀和主人翁精神融入家风建设，实现家风建设全民参与、互促共进。共享，就是让人民群众共享新时代好家风建设成果，以好家风共建塑造"家文化"❸。

（二）新时代优良家风建设

家风建设是指一个家庭根据家风的内容与家庭发展的需要进行的一种促进家风形成与发展的实践活动，家庭是这一实践活动的主要场所，受外部环境的影响，家风建设不能脱离具体的历史时代。家风建设与家风不同，家风建设重点在于回答如何做，是指在对优秀传统家风继承和发展的基础上，在家庭中弘扬和传承优良家风，并在时代的进程中不断为之注入时代精神，使其符合时代发展的需要。因此，家风建设既包含了历史的深度，也体现了时代的要求，有着与时代特征相符合的形式与内容，是一个系统且复杂的综合概念。

家风是一种存在于精神层面的追求与信念，是一种无形的载体，通过家训、家规等文本形式和家庭成员的身体力行，培育和塑造一个家庭的价值观。以往的家风建设更加注重个人品德和习惯的养成，而新时代家风建设更加注重培养子女的责任担当与家国情怀，这是新时代家风区别于以往的家风建设的重要标志。在新时代背景下，家

---

❶ 彭立荣.婚姻家庭大辞典［M］.上海：上海社会科学院出版社，1988.
❷ 习近平.习近平谈治国理政.第二卷［M］.北京：外文出版社，2017.
❸ 李毅弘，戴歆馨.习近平新时代"好家风"论述：内涵、价值与建构［J］.思想理论教育导刊，2019（6）：4-9.

庭结构变迁与社会思潮变化带来了机遇与挑战，使家风建设内容又增添了时代色彩，可以从家国情怀、行为准则、为人之道、价值追求这四个方面去理解和把握。

1. 家国同构、爱国爱家的家国情怀

家国情怀是一种爱国精神，也是当代中国人的责任担当，家国情怀这一优秀传统精神从古代一直延续至今且继续发挥着重要作用。家国情怀是人们内心深处对国家、对人民的质朴情感，是一个人的立身之本，是民族和国家的生存之基。年轻一代人的价值体系和理想信念，削弱了对家国文化的认同；从国内环境来看，国家的强大和社会的稳定为我们支起了保护伞，处于较长的和平发展时期也使我们的忧患意识逐渐减弱，难以凝聚形成巨大合力。在新时代厚植家国情怀，就是要增强家国意识，牢固树立大局为重的政治观念，将个人价值与国家命运相联系。

新时代的家国情怀需要秉持家国同构理念。家庭与国家同呼吸、共命运，只有每一个家庭安定团结、和谐稳定，我们的国家才能繁荣昌盛、海晏河清。然而，当前仍然有部分家庭缺乏对家国情怀的认知，在家庭教育中一味追求成绩和排名，这样的家庭环境很难培养孩子的家国情怀。每一个家庭都是历史的创造者和参与者，家庭教育是培养家国情怀的基础环节，也是最重要的环节。作为培养新时代的接班人，我们必须要对"家事"和"国事"有着清醒的认识，需要做到"家事、国事、天下事、事事关心"。新时代的家国情怀还要把爱国和爱家相结合。爱国是政治原则，也是道德范畴，无论我们身处何时何地，爱国永远是第一要义。中华民族历来重视家庭，爱国首先应该爱家，一个人如果对自己的家庭都没有深厚感情，那么他也无法真正热爱自己的国家。只有将家庭治理好，国家才能好，民族才能好。在社会转型的关键时期，要把爱国和爱家有机结合，从重视家教、家风开始，让每个家庭都做出应有的贡献。

2. 民主平等、克己奉公的行为准则

当前社会民主平等的观念也越来越深入人心，人们对民主的呼声高涨，因此在家风建设中也应有所体现。在新时代家风建设中融入民主平等的思想，让每个家庭成员都有民主发言、民主讨论和民主决策的权利，让民主平等成为家庭教育中不可或缺的内容。民主平等的家庭关系首先体现在人格上的平等，在一个家庭中，无论男女，都具有主导自己命运的权利，都应该拥有独立、自主的人格。民主平等的家庭关系也体现在权利上的平等，宪法和婚姻法都对妇女在家庭中的权利和地位作了规定，"妇女在家庭生活中享有同男子平等的权利"，"夫妻在家庭中地位平等"。民主平等的家庭关系还体现在责任上的平等，作为家庭中的一分子，每个人都有平等的责任和义务，任何人没有脱离责任和义务的权利，都应在家庭中共同承担、发挥作用。

"克己奉公"这句成语出自东汉名臣祭遵的家风故事，包含着两层意义，即"克己"与"奉公"。"克己"即约束克制自身的言行和私欲，使之合乎道德规范的要求。"奉公"即以公事为重，不徇私情。"克己"才能"奉公"，"奉公"必须"克己"，克己奉公体现了人生的奉献与追求。提倡克己奉公，把克己奉公作为处世做人的教义，严格要求自己，全心全意为公，反映了一个人立身处世的高尚情怀。提倡克己奉公，并非否定个人利益，而是要求我们正确地处理公与私、义与利的关系，就是要正确地处理国家、集体、个人的利益关系。当国家、集体与个人的利益产生冲突时，应该义不容辞地放弃个人利益，以国家利益和集体利益为重，做到公私分明、先公后私，积极发扬无私奉献的精神，才能有所担当、有所作为。

3. 立德修身、诚信友善的为人之道

修身的本意是指正身清心、修养品格、谦卑自牧，修身就是在日常生活中博学于文，约之以礼，通过不断学习、自我反省、摒除杂念，用一颗平常心去面对生活中的烦恼和不幸，以达到净化自己的心灵的目的。修身需要每个家庭成员积极主动地认知事物，提高自己的道德修养水平，转而通过实践促进家风建设。立德就是树立德业，树立什么样的德业，不仅是个人选择问题，也在很大程度上影响着一个国家和民族的发展道路。新时代家风建设中强调立德修身的为人之道就是要加强家庭成员对精神世界的塑造，要把社会主义核心价值观内化于心，并通过人们的一言一行表现出来。当前，建设社会主义现代化强国正在关键期，我们不能把立德修身仅仅当作口号，而要落到实处，在实践中磨炼自己，积极主动地运用社会主义核心价值观努力改造我们的精神世界，在精神上强大起来。每一位家庭成员都追求更有高度、更有境界的人生，不断锤炼自身品德、不断自我反思，才能让中华民族在精神层面获得更持久、更深沉的力量，才能确保我们的伟大事业坚定地前行。

诚信是一个人道德修养的体现，是一个人能否赢得别人尊重和友善的前提，也是一切社会行为的基础。诚信不仅仅是面对他人、面向外部世界的一种态度，同样也是面对自己、面向内部心灵的一种精神。在新时代家风建设中引导家庭成员树立诚信原则，诚实做事，诚实做人，实事求是，不吹嘘自夸，坚决反对欺诈，将诚信作为衡量一个人高尚道德品质的首要标准。友善是社会风气良好的重要标志，友善蕴含着善待自己、善待他人、关爱弱小、与邻和睦等内容。友善首先是要善待自己，一个人如果不能与自己首先为友，和善地对待自己，也就不能与他人为友、与社会保持一种友善的态度。经济全球化进程的深入，国家与国家之间交往更加紧密，友善的态度更能彰显中华儿女高尚的道德情操和提高我国在世界各国中的影响力。

诚信友善的为人之道作为新时代家风的重要内容，是一个人高尚人格的体现，是一个社会长远发展的保障，是一个国家兴国安邦的坚定力量，家庭作为塑造良好人格的基本场所，必须重视诚信友善品格教育，新时代家风建设应加强对家庭成员灌输诚信友善理念，能促进家庭和谐、凝聚人心，以良好家风来辐射周边，净化社会风气。

4. 理想坚定、敢于担责的价值追求

理想信念是一个人精神世界的核心，也是一个民族最深层的精神追求。一个人只有坚定理想信念，才能为社会、为国家做出贡献；一个民族只有坚定理想信念，才能立于不败之地，不断前进。新时代，家庭结构和生活方式都发生了巨大变化。家庭教育中经常出现盲目教育、超负荷教育的现象，重视社会地位，过分追求名利，甚至把收入高低作为衡量人生价值的标准。还有一些家长不能正确看待社会上的各种文化思潮，理想信念模糊不清、坚定不移，使孩子难以经受挫折和考验。因此，在我国奋力实现中华民族伟大复兴的关键时期，要把坚定理想信念的价值追求融入新时代家风建设中，教育家庭成员坚定理想信念，引导家庭成员勇担时代重任、志存高远，立志报国，选择正确的人生方向，以世界眼光看待问题、解决问题，立志做一个把个人前途命运与国家、民族和人类命运紧密联系在一起的人，鼓励年轻人努力奋斗，为祖国的建设添砖加瓦。

责任是一种人格的升华，是对自己、对他人负责的一种人生态度；担当，就是人在面对自己的责任和义务时能够义不容辞地挺身而出，承担责任。当前正处于改革攻坚期、经济调整期、社会转型期、矛盾凸显期，前进道路上遇到重重困难，迫切需要广大中华儿女敢于担当，主动接受挑战，积极开拓进取，努力创造经得起实践和历史检验的成绩。新时代，家风建设要把责任和担当作为最大的价值追求，首先，要注重培养家庭成员的责任意识，教育家庭成员养成尽职尽责、勇于担当的意识，面对困难要迎难而上、攻坚克难，面对原则问题要立场坚定、旗帜鲜明，面对歪风邪气要敢于较真、敢抓敢管。其次，要引导家庭成员努力提高敢于担当的能力，俗话说"没有金刚钻别揽瓷器活"，敢于担当要结合自身实际情况，如果自身水平不够，很容易好心办坏事；敢于担责要不断提高自己分析问题、解决问题的能力，不断学习、加强实践、善于总结。

新时代家风建设倡导家庭成员树立坚定理想和敢于担当的价值观，把个人前途与国家和民族命运紧密联系在一起，把个人价值追求与社会发展方向结合起来，努力提高自身学识和能力，积极投身中国特色社会主义事业；同时，坚定理想信念，做社会主义核心价值观的忠实实践者，努力成为中国特色社会主义事业的拥护者、参与者和推动者。

四、创建学习型家庭，丰富家庭学习文化

社会发展到知识经济时代，更新速度激发人的求知欲，家庭成员之间共同学习、共同进步是家庭教育适应时代需要的必然选择，也是注重家庭、注重家教、注重家风的有效落实，因此家庭要注重学习型家庭的建设。

（一）学习型家庭的定义和内涵

学习型家庭的概念源自学习型组织的概念，学习型组织的概念是佩特·圣吉（Perter Senge）首先提出。佩特·圣吉（Perter Senge）认为不论是个体还是团体都必

须通过持续的学习活动来突破"组织学习障碍",有效解决各种问题,获得长远的发展。❶ 关于学习型家庭的概念解读大致有三种观点,第一种观点认为"学习型家庭"是一种家庭形态,厉以贤认为学习型家庭是以终身学习、终身教育思想为指导,以现代家庭为基础,通过家庭全体成员持续的、终身的自我导向性学习、互动学习共享学习成果、实现个体和家庭动态协调发展的一种新型家庭形态❷。第二种观点认为学习型家庭是一种家庭文化,皮尔松在《一生的护照——终身学习与未来社会的个人生存》一书中指出,学习型家庭实质上是一种互动式的家庭成套学习,一种新型的家庭文化,一种与现代生活接轨的家庭生活方式。它"更强调学习的发生、家庭成员之间的互动交流、家庭成员内心产生质的变化和家庭的健康持续发展"❸。第三种观点认为,"学习型家庭"是一个家庭成长的过程。乐善耀在《学习型家庭》一书中,将学习型家庭定义为家庭成员共同学习、相互学习、改变自我、完善自我、共同成长的过程,目的是提高家庭的社会适应力和生活质量。

大家对学习型家庭的概念诠释不同,但大致都强调终身学习,提高家庭成员的学习能力、超越自我、提升自我、共同进步、相互学习,倡导家庭拥有共同的学习时间,促进家庭成员之间的沟通和对话,建立起良好的家庭关系和家庭学习习惯,最终促进个人和家庭成员与社会的协调进步。

(二)学习型家庭的要素

很多学者关注学习型家庭的构成要素,如廖永静教授在《建构学习型家庭》中提出的"学习的家庭"和"家庭的学习"两大构成要素。"学习的家庭"是指能够催化和促进学习的"环境",即家庭的学习氛围和环境;"家庭的学习"是指家庭的学习活动,包括自学、互学和共学,特别是大家聚在一起(有一段时间共同学习)的"活动"。吴航则认为学习型家庭应具备自我超越、责任与爱、家庭愿景、共同时间、共同学习、反思反省六大要素。自我超越是家庭成员不断实现人生目标的过程;责任与爱是个人对自然、社会、他人和自我所承担的义务意识;家庭愿景,即家庭梦想,是所有家庭成员真正向往的目标;共同时间是所有家庭成员能够聚在一起的时间;共同学习是培养家庭成员整体合作能力和实现共同目标的过程;反思与省察是指家庭成员,尤其是家长,不断审视自己的观念、思维模式、道德品质和行为方式,取长补短,实现自我超越和自我完善的过程。

(三)学习型家庭的构建

构建学习型家庭,父母自己学习成长,用坚实的行动、学习型家庭的氛围影响着孩子,父母做孩子的榜样,赋予孩子思考、践行的力量。那么如何构建学习型的家庭,

---

❶ 圣吉. 第五项修炼——学习型组织的艺术与实务 [M]. 郭进隆,译. 上海:上海三联书店版,2003.
❷ 厉以贤. 学习社会的理念与建设 [M]. 成都:四川教育出版社. 2004.
❸ 皮尔松. 一生的护照——终身学习与未来社会的个人生存 [M]. 广州:新世纪出版社,2003.

首先在思维认知上要有基础的认识：

（1）家庭是一个系统，学习型家庭意味着所有的家庭成员都要清晰地认识到，这个时代无论父母、孩子，还是家里的祖辈都需要开启自己的学习探索之旅。在家庭全生活的场景中，创建大家学习的氛围，讨论话题、各自成长收获的分享，让主动、有意识地学习浸润在家庭生活的每个场景。

（2）学习型家庭，所有人都要有清晰的方向，那一定是成长和改变，家庭成员可以有自己个性化的学习目标，但是一切都围绕着成长而来，并且这个过程被记录、被分享，这种改变当然还要看得见，彼此见证着，陪伴着。

（3）关于家庭的学习升级，这是一个动态演化的过程，尤其是孩子的年龄不一样，家庭成员学习、讨论、引导等呈现的方式和形式，也在不断变化升级中，这是所有父母特别需要关注和提升的地方。

（4）家庭成员的学习成长，要不断记录下来，不仅是照片、视频，还有学习内容的输出笔记等，要让学习看得见，更要通过输出倒逼输入，让家庭成员的学习有效。学习很难短期内有巨大的结果，那就努力让过程被记录，让成长有迹可循吧。

其次在操作层面上，如何让家庭的学习动力保证持续旺盛，家庭成员都积极参与，亲人之间如何形成良性的互动循环，可以特别关注如下几点：

（1）构建亲子学习的场景。学习型的家庭，一定是要特别构建亲子学习的场景，无论是父母和孩子讲故事，还是一家人在一起看电影，哪怕是去参加一个展览，亲子共同参与，并彼此分享各自的感受，永远是最基础的行为。

（2）好玩有趣。学习型家庭，任何时候好玩有趣是始终要坚持的原则，对于孩子而言，好玩有趣永远是最重要的选择，兴趣其实是最好的老师，父母陪伴孩子做游戏，陪伴孩子一起运动，一定是孩子最喜欢的方式，父母给孩子分享的语言、表达形式，甚至是肢体语言，依然可以是好玩有趣，甚至是夸张的方式。请别忘记，你就是孩子最好的玩具。

（3）主动学习的意愿。学习型家庭，所有成员的学习成长，家庭成员的意愿比起能力更重要，不断地激发伙伴们学习的意愿，尤其对于学习动机的挖掘，还有学习目标的设立，都很重要。任何人最重要的还是主动学习的意愿，这也是每个家庭成员之间相互影响的重要事宜，所以在一起学习，就是鼓励、赞美，无他。

（4）计划性的安排。家庭共学，还是要强调节奏，有方法、有目的是主线，结合生活中随时发生的现象和问题，家长引导孩子共同思考和探讨，是辅助。虽然随机性的学习场景远远大于计划性的安排，但是有计划的安排才是一个学习型家庭永远的主导，有计划、有准备地推进才是长期主义最重要的原则。

有工具、有方法、有路径，一切都是有备而来，一起共读一本书，一起看一场电影，一起制定超市购物计划，一起策划一场一场旅行……都是家庭学习最好的场景。

（5）关注家庭亲密关系的营造。家庭学习氛围的营造，核心依然要关注家庭亲密关系的营造，无论是亲子关系，还是配偶关系，甚至是牵涉祖辈老人，所有的学习都是为了家人在一起更加和谐和愉悦，千万不可强制或者胁迫。每个人都有自己的方式，只要在学习，就是在陪伴，还是要关注关系的融洽、氛围的营造，这是任何时候都不可以动摇的根本，在一起，了不起。

第四节 家庭心理环境

一、家庭心理环境概述

对于家庭成员来说，家庭不仅是一个生活场所和文化实体，还是心理归宿的家园。家庭成员个体在心理上依赖家庭，家庭心理环境是个体心理的"减震器"。家庭心理环境也叫家庭心理氛围，是指在一定的家庭物质环境和文化环境中，家庭成员在家庭生活中逐渐形成的感受、情绪和态度等心理状态的总和。它是由家庭的人际关系决定的，洋溢在家庭的特定环境中，具有一定的相对稳定性。

家庭中父母与子女之间的互动和影响总是在一定的家庭心理氛围中进行的，因此，家庭心理氛围是衡量家庭幸福的重要指标，直接影响着未成年人个体的发展和家庭教育的效果。民主、平等、和谐的家庭关系和氛围，有利于培养孩子热情、活泼、乐观、善良、礼貌、情绪稳定、善于交际的性格；而专断、紧张、矛盾频发的家庭关系和氛围，不仅难以保证孩子正常的生活和教育条件，还会使孩子失去家庭生活的乐趣和温馨，导致严重的心理创伤，使孩子变得冷漠、自私、暴躁、缺乏同情心。由于家庭心理环境比物质文化环境更能激发人的情感，因此，对家庭成员尤其是未成年人的影响更大。

家庭心理环境有好有坏。良好家庭心理环境的主要表现是：家庭主要成员在家庭这个群体中有安全感和幸福感；愿意与家人在一起；能够为家庭承担一定的义务和责任；相互关心、爱护、理解和尊重。这种良好心理环境的教育价值在于：有利于亲子之间的沟通；有利于儿童安全感的培养；有利于儿童独立性、求知欲和探索精神的发展；有利于儿童情绪的调节和情感的成熟；有利于儿童社会交往和社会适应能力的发展；也有利于发挥父母教育的影响力。良好心理环境的形成需要一定的条件，其中最重要的是家庭关系的正常化。

家庭关系是家庭中各成员之间的关系，即家庭人际关系，包括夫妻关系、亲子关系、兄弟姐妹关系、祖孙关系、婆媳翁婿关系、叔嫂妯娌关系等。由于第五章对家庭亲子关系做了细致的介绍，因此本处重点介绍夫妻关系、兄弟姐妹关系和祖孙关系。

二、夫妻关系

夫妻关系是建立在合法婚姻基础上的男女配偶关系，是所有家庭关系的起点和基础。家庭中的所有其他人际关系都是在夫妻关系的基础上产生和发展的。稳定和谐的夫妻关系是保障良好家庭教育环境和氛围的重要前提。一个人出生和成长的原生家庭对其个性的形成、人格的成长、情绪管理和人际交往都有着重要的影响。孩子会在潜移默化中复制父母的行为习惯，不和谐的夫妻关系会给孩子的心灵带来极大的伤害，严重影响他们成年后的安全感和亲密感，阻碍健全人格的形成。如果夫妻关系处理不好，经常吵架甚至离婚，孩子就可能产生分离焦虑、恐惧、被遗弃心理、自卑、猜疑不信任、报复心理等问题。因此，建立平等和谐的夫妻关系是家庭教育成功的关键。

正常的夫妻关系具体体现在以下几个方面：一是爱情关系。夫妻关系的基础应该是爱情，而不是其他；只有建立在志同道合基础上的爱情，才是真正的、完整的、牢固的爱情。二是经济关系。夫妻共同承担经济责任，参与经济管理，以维持家庭生存和发展的需要。三是法律关系。为了保持夫妻关系的相对稳定，法律规定夫妻关系不得轻易解除，并规定夫妻双方必须承担一定的义务，这是夫妻双方共同遵守的具有强制性的社会行为规范。四是互助关系。夫妻是终身伴侣，在思想、生活、工作、学习上互相帮助，共同走好漫漫人生路。

为了孩子健康成长，也为了自身生活幸福，父母和未来父母都应珍惜婚姻，经营好婚姻，建立和保持良好的夫妻关系。这主要从以下几方面着手：

1. 建立以爱情为基础的婚姻关系

"夫妻者，非有骨肉之恩也，爱则亲，不爱则疏。"情感在夫妻关系中占据着重要的地位，夫妻之间只有情感交融才会愿意敞开心扉与对方不断沟通，遇到事情时才能够互相理解，互相体贴照顾。因此，婚前双方的相互了解和择偶标准合理与否非常重要。每个准备结婚的人婚前必须思考回答以下问题：你究竟爱他（她）什么？他（她）是不是一个正直的可以完全信赖的人？你和他（她）是否志同道合？你是否确切地了解他（她）的过去情况和家庭情况？你和他（她）有没有相同的价值观？结婚以后在工作上能否互相帮助，经济上能否互相合作，发生矛盾时能否互相谅解，遇到困难时能否互相扶持？对这些问题，只有真正在思想深处有了明确的回答，才算有了一定的爱情基础，才有可能建立和保持良好的夫妻关系，也就是古人所说，"慎其始，才能善其终。"

2. 遵循夫妻关系的道德准则

保持良好的夫妻关系，有赖于法律的保障，更有赖于道德支持。我国一直提倡夫妻要"互敬、互爱、互信、互勉、互帮、互让、互谅、互慰"。这"八互"继承了中华民族家庭道德的优良传统，符合现代家庭生活的实际，其核心是平等相处、相互尊重。

在现代社会，夫妻关系不是主从关系，而是平等关系。夫妻之间，"大男子主义"固然不对，但"妻管严""妻独裁"也是不正常的。夫妻之间也要相互尊重，包括：尊重对方的人格，遇事共同商量，共同承担责任，不打骂、伤害对方；尊重对方的工作、劳动，承认对方的工作、劳动对社会的价值和对家庭的贡献，不能因为自己"工作好""地位高"，就趾高气扬；要尊重对方的兴趣爱好，双方兴趣相投固然好，如果不同，只要有利无害，都应该尊重，不要从自己的好恶去干涉、限制对方，甚至强迫对方服从自己；要尊重对方的人际交往，双方都有自己的朋友和工作往来，只要是正常的，就要相互信任，不能因为对方和异性交往就"争风吃醋"，胡乱猜疑；要尊重对方的隐私，夫妻双方要相互理解，同时又要承认对方有隐私的权利，不要强求对方任何事情都得全盘托出，毫无隐瞒；尤其要尊重对方的感情，恪守婚姻誓言，遵守婚姻关系规范，不说伤害对方感情的话，不做伤害对方感情的事，更不能有背叛对方的行为。

3. 学会经营夫妻关系的技巧

（1）相互沟通，建立信任。相互沟通，不仅是建立和保持良好关系的关键，更是一种艺术和技巧。通过坦诚和诚实的交流，可以更好地分享彼此的想法和感受，建立起更深层次的信任和理解。同时，在交流的过程中，也要学会倾听和理解对方的需求和期望。只有这样，才能更好地满足对方的需求，从而达到更好的沟通效果。只有这样，才能更好地维护自己的婚姻关系，拥有幸福的婚姻生活。

（2）共同成长，互相支持。婚姻，这一神圣的契约，是两个相爱之人共同追求幸福、相互支持、共同成长的旅程。对于步入婚姻的双方来说，与伴侣共同追求个人和职业的发展，不仅是对自身价值的肯定，更会提升婚姻的稳定性和幸福感。因此，夫妻双方一定要学会与伴侣相互支持和鼓励，让彼此形成了一种默契的合作关系。这种支持，不仅体现在言语上的鼓励和安慰，更体现在实际行动上的支持和帮助。这种相互支持的力量，不仅增强了他们的自尊和自信，也使他们的婚姻更加稳定和幸福。

（3）维护家庭，关注亲情。家庭，是婚姻关系中不可或缺的根基，它承载着伴侣之间的互相扶持、信任与成长。通过与伴侣的家人和朋友建立良好的关系，便可以更加了解伴侣的成长背景、家庭文化和社交圈子，从而加深彼此之间的了解与信任。这种了解与信任，是婚姻关系中最为宝贵的财富，它能够增强夫妻之间的情感支持和理解，同时提高婚姻的幸福感和稳定性。所以，夫妻双方应该将维护家庭关系作为婚姻生活中的重要组成部分，用心去经营和维护这段关系。

（4）保持独立，寻求自我平衡。婚姻，这个世界上最美好的事情之一，却也是最容易让人感到困惑和痛苦的地方。很多人在婚姻中迷失了自我，忘记了婚姻的本质，而陷入了无尽的争吵和痛苦之中。婚姻的本质，既不是合一，也不是独立，而是两者之间的平衡。合一，是指两个人在精神上、情感上的紧密联系，是一种深深的爱的关系。但是，合一并不意味着两个人要变成连体婴，而是要尊重和欣赏彼此的差异，让彼此在这段婚姻关系里可以自由地做自己，做各自有热情的事。独立，是指两个人在思想上、行动上的自主性，是一种健康的自我存在。但是，独立并不意味着两个人要孤立无援，而是要在保持自我独立的同时，能够与对方共享生活的喜悦和痛苦。在婚姻中，我们需要找到合一和独立的平衡点。这个平衡点并不是固定的，而是随着我们的成长和变化而变化的。我们需要不断地去探索，去学习，去锻炼自己爱与被爱的能力，才能找到这个平衡点。

三、祖孙关系

祖孙关系是父母的上一辈和父母的下一辈的关系的一种称谓，即祖父母或外祖父母与孙子女或外孙子女的关系，属于隔代关系。受传统文化和观念的影响，我国隔代养育的现象比较普遍，不少祖辈会帮助儿女照顾下一代，他们为年轻父母提供了支持、分担了压力，但也会出现一些问题：两代人因为观念不同而在孩子教育问题上产生矛盾和分歧，有的年轻父母干脆将育儿责任全部推给自己的父母，给孩子的成长带来不利影响。因此，我们可以从以下几个方面来建构良好的祖孙关系，产生良好的家庭教育效果。

1. 祖辈在隔代养育中的角色定位

中国传统文化中有着浓厚的家庭成员互助传统。无论祖辈是主动还是被动地参与第三代养育，客观上都有助于减轻子女的养育压力，理应得到子女的感激，而不是理所当然地看待。那么，祖父母在隔代教养中应该扮演怎样的角色，才是合理的，才有利于家庭关系的和谐和孩子的健康成长呢？

首先，祖父母是配角而不是主角。祖父母要明确自己在育儿过程中的配角地位，让年轻父母承担责任，扮演主角。即使在现实生活中，祖父母陪伴孩子的时间可能多于年轻父母，也不能喧宾夺主，而应有意识地把主角的位置留给年轻父母，鼓励年轻父母成为家庭的核心，形成育儿的责任感。比如，一些有智慧的爷爷奶奶经常会对孙辈说："这件事让你爸爸妈妈来主导吧。"或者对年轻的父母说："孩子们都听你的。"

其次，祖父母是协助者，而不是替代者。在帮助年轻父母带孩子时，祖父母应时刻提醒自己的角色是协助者。在涉及孩子的成长或养育观念等问题时，祖父母应尊重父母的意见，不应代替父母做决定。祖父母可以提出自己的意见供年轻父母参考，但不能因为自己不放心或看到年轻父母在养育子女方面有不足之处，就越俎代庖，包办一切。

最后，祖父母是合作者而不是竞争者。祖父母也可以在养育子女的过程中扮演合作者的角色，而合作应该是双方发挥各自的长处，取长补短，而不是与年轻父母争夺在家庭或孩子心目中的地位。祖父母应看到年轻父母的优势，如思想更先进、视野更开阔等。两代人应该充分发挥各自的优势，形成合作的格局，为孩子创造一个健康和谐的成长环境。

2. 祖辈在隔代养育中的优势与不足

在隔代教育中，祖辈既不能妄自菲薄，也不能故步自封，要客观认识自己在帮助子女、教育子女方面的优势和不足，努力保持积极乐观、虚心学习的心态。祖辈在隔代教育中的优势和不足主要体现在以下几个方面。

第一，时间充裕但容易忽视孩子时间观念的培养。祖辈退休后往往有充足的时间，他们不用因赶时间而对孩子进行催促，使孩子处于紧张焦虑的状态。祖辈有充足灵活的时间陪伴孩子，这符合孩子成长的需求和节奏。不过，祖辈也可能因为时间充足，放松对孩子时间观念和生活习惯的培养。

第二，包容但容易溺爱孩子。由于隔代亲情，祖父母往往对孙辈的言行举止更具包容性，能够给他们犯错的时间和空间，满足他们的探索欲望。孩子在探索世界的过程中会出现力不从心的情况，如打碎杯子、弄脏衣服等，祖父母往往持宽容态度。同时，祖父母也容易失去原则和规则意识，导致对孩子的溺爱和纵容。

第三，经验丰富但容易因循守旧。祖辈因其丰富的人生阅历和一定的育儿经验，能妥善处理突发事件，能有效帮助年轻父母减少育儿过程中的焦虑和困扰。同时，祖父母也要看到，时代在变化，要以更加开放的心态调整自己的旧观念和育儿行为。

3. 祖辈在隔代养育中的教育智慧

教育孩子不易，隔代教育更难。祖父母只有扮演好自己的角色，才能让家庭更加和睦，孩子更加健康，自己的晚年生活更加幸福。

（1）多放手，促进年轻父母育儿能力的提高。年轻父母没有育儿经验，也没有接受过专业的育儿培训，因此需要在实践中学习如何扮演好父母的角色。在这个过程中，祖辈应该放手，多一些宽容，让年轻父母有更多的机会学习和实践，有更多的机会陪伴孩子共同成长，从而提高自己的育儿能力和素养。祖父母在生活中也可以有一些自己的爱好，避免把所有的注意力都放在孙辈身上，这样也会以更平和的心态找到自己在三代同堂家庭中的位置。

（2）善于沟通，帮助年轻父母建立育儿威信。在抚养孙辈的过程中，祖辈容易与孩子建立深厚的感情，成为孩子逃避管教的庇护所。当父母给孩子立规矩时，祖父母不能无原则地偏袒孩子，让父母失去权威，让孩子失去对规矩的敬畏心。祖辈要做好父母与孩子之间的桥梁，努力支持和配合父母对孩子的正确教育，如有不同意见，也要和晚辈主动沟通，在育儿问题上达成共识。

（3）协调是化解家庭矛盾的良好"润滑剂"。在协助年轻父母育儿的过程中，睿智的祖父母也会扮演好协调者的角色。年轻父母会因为成长经历、生活习惯的不同，造成育儿观念上的差异，难免会出现矛盾。此时，祖辈要有意识地扮演好"润滑剂"的角色，避免简单地偏袒一方，才能更好地化解而不是扩大家庭矛盾。

（4）注重传承，让好家风代代相传。祖父母应意识到自己在传承良好家风方面的重要责任，在日常生活中以自己的言行为后代树立榜样。祖父母不妨利用传统节日或家人团聚的日子，向后代讲述家族历史和家风故事，让孩子感受到良好家风代代相传的重要性，在潜移默化中帮助第三代形成正确的价值观。

只要祖父母对自己有一个准确的角色定位，有一个良好开放的心态，就一定能在陪伴孙辈成长的过程中发挥积极作用，成为年轻父母育儿的好帮手，也让自己在天伦之乐中安享幸福晚年。

四、多子女家庭的兄弟姐妹关系

随着生育政策的变化，多子女家庭重新变得越来越多，多子女家庭的兄弟姐妹关系值得被探讨。一对夫妇拥有两个或两个以上子女的家庭被称为多子女家庭。在多子女家庭中，父母并不是孩子唯一的交往对象，孩子还可能与同辈交往，涉及兄弟姐妹之间的关系。孩子在家庭中的社交行为不仅针对父母，也针对他/她的兄弟姐妹。在多子女家庭中，父母与子女的关系不仅要在父母与子女之间进行调整，其中相当一部分还需要指向子女之间的同伴关系。因此，处理好多子女家庭兄弟姐妹之间的关系非常重要。

1. 多子女家庭教育中的优势

第一，多子女家庭的兄弟姐妹有利于孩子的同辈交往行为，促进儿童的社会化。已有研究表明，家庭规模缩小会导致孩子的社会化过程不完整，缺乏同胞间紧密的人际联系与交往，将导致儿童面临更多的心理与行为问题[1]。此外，缺乏同胞互动，还会造成儿童在特定语言要素与非言语交流形式的习得与巩固等方面存在缺失与滞后[2]。

第二，兄弟姐妹可以提供情感上的慰藉与支持。一般而言，当父母发生冲突、争执甚至是情感危机时，当人生中遭遇意外或变故时，有更多的兄弟姐妹意味着拥有更多相互扶持的力量，这种血浓于水的"手足之情"必将成为个体成长道路上无形的宝贵财富。

第三，可以避免过度教育。独生家庭中的子女通常集父母与祖辈的宠爱与高期望于一身，也相应地承担着集中关爱带来的压力与负担，这样的家庭更容易陷入"过度化""漫灌式"的教育怪圈，从而引发家庭教育中的诸多问题[3]。多孩家庭的家长会因多孩的家庭结构而形成具有弹性化的教育期望，并根据不同孩子的实际情况进行教育资源的个性化分配，更有可能为孩子们提供较为宽松的成长环境。

2. 多子女家庭教育中的弊端

第一，多子女稀释了家庭养育资源。家庭养育资源是指孩子所拥有的与家庭和家

---

[1] 郑磊，侯玉娜，刘叶. 家庭规模与儿童教育发展的关系研究［J］. 教育研究，2014，35（4）：11.
[2] 贾红霞，李宇明. 中国家庭结构与儿童语言发展［J］. 汉语学报，2022（3）：78—89.
[3] 刘秋月. 独生子女家庭教育存在的问题及对策研究［J］. 赤峰学院学报（汉文哲学社会科学版），2017，38（1）：3.

人有关的资源，包括父母的支持和期待等，如经济资源、时间资源、期望要求等。家庭可利用的资源越充足，则越有利于青少年朝着积极的方向发展。然而，家庭养育资源总量是有限的，资源能否有效分配影响多子女家庭儿童个体健康成长。

第二，孩子们容易受情绪左右，兄弟姐妹之间容易产生矛盾。他们较为注重自己所受的待遇是否公正，反感父母的偏心。极端情况下，会出现孩子为了争宠而出现恶性竞争的情况。同时，不和睦的兄弟姐妹关系也会扩散到孩子和其他的人际交往中，这些孩子往往对人充满敌意和戒备心。

第三，多子女家庭面临更多教养课题。如何对不同性别、不同身心发展特征的孩子施以精准的家庭教育策略，做好因材施教，实现每个孩子的全面健康发展，需要父母更多的教育智慧与身体力行。

3. 多子女家庭教育的建议

第一，父母要关注出生顺序对孩子的影响，给每个孩子专属的爱。著名心理学家阿德勒曾提出过一个重要的理论观点：出生顺序效应，即在同一个家庭中的兄弟姐妹，由于其出生的顺序不同而产生的在家庭中的独特经验与不同地位，使孩子不得不采取相应的方式适应生活。美国心理学家菲利浦·维里通过一系列调查研究，得出一个普遍性结论：孩子的出生顺序对其人格、性格的塑造，以及未来的发展起着决定性的作用。其实，这种影响并不由孩子出生的顺序决定，而是由于出生顺序的不同，父母对孩子的态度和孩子在家庭中的地位及其变化决定的。因此，在多子女家庭进行教育时，父母可以根据出生顺序的不同因势利导。美国心理学家罗纳德·理查森在《超越原生家庭》中提过一个观点：多胎家庭中，第一个出生的子女往往有一些共同的特征，他们会形成一种"成就型人格"。即努力在父母面前表现，希望得到父母的关注和喜爱。所以他们尊重权威，不太敢犯错误，害怕让父母或其他权威的人失望，所以记得给老大多一点的鼓励，接纳他的每一次失败，看见他的每一次努力，肯定他的每一次成长。对于中间子女，父母一般不会给予他们过多的溺爱，他们往往有强烈的追求优越的欲望，会努力超越哥哥或姐姐。最近发展区理论认为，儿童在与他人接触的过程中学会了理解他人，次子女在与父母、哥哥姐姐的互动中学会了运用语言、技能、象征等的方法，最终促进了其认知的发展。但在现实生活中，中间子女很容易受到父母的忽视，因而缺乏安全感。所以，请记得给他们多一点的在意和关注。而家里最小的孩子，他们往往受到父母和哥哥姐姐的庇护和疼爱，凡事往往可以不按父母的要求去做，因此性格上更加乐观，更加容易放纵自己，同时容易形成依赖性、独立性差、幼稚等性格特点。所以，给最小的孩子有规矩、有底线的爱，才是对他最好的爱。父母在抚养孩子时尽量做到公平，但并不意味着去追求绝对的"平等"，父母一定要具备洞察每个孩子内心需求的能力，去发现每个孩子真正的需求，给孩子专属的爱。

第二，帮助孩子与新家庭成员建立和谐关系。孩子间的关系并不是从孩子面对面见面才开始的，早在婴儿还未出生之前父母就需要开始铺垫。劳拉·马卡姆博士在书中具体讲述了：在婴儿出生前，如何营造热烈欢迎的气氛，比如在孕期时给孩子进行生命教育，帮助孩子做好轻度分离的心理准备等；在婴儿出生及其之后的几个月里，如何为孩子关系奠定积极基础，比如父母需要帮助孩子应对他对婴儿的复杂情绪，管理多个孩子的生活时间等。父母需要特别注意在婴儿刚出生时，家庭成员不能过度聚焦于婴儿。对长子来说，宝宝的概念还是模糊的，而他的生活是具象的，新成员的出生对孩子来说还需要一段认知的时间。如果所有的家庭成员三句不离新生儿，孩子势必会感受到被忽略、被抛弃。同时，在新生儿长大后，孩子们容易受到年龄、性别、身体特征等身份的局限，会在一定程度上把自己与兄弟姐妹们进行比较。父母永远不必贴标签来激励孩子或者让他们感到特别。父母应注意：不要认定一个孩子的实力与成长方向；时刻反思自己按照性别或年龄为孩子指定角色的倾向；欣赏每个孩子的独特性，而不是比较他们，并为孩子的特性和兴趣提供支持。

第三，要预防孩子们之间的竞争并培养联结感。多个孩子就意味着冲突，可能产生情感冲突、规则冲突、个性冲突、语言冲突、打架等状况。兄弟姐妹间的竞争是非常普遍的现象，没有彻底的解决方法。人类的基因决定了他们的本性是要保护自己赖以生存的资源，孩子们也会为了捍卫珍贵的资源——父母的时间和精力——而起纷争。在多子女家庭中，父母在遇到孩子们之间产生冲突的情况时，可以采取以下三种方式帮助孩子识别和表达自己的情绪，而不是攻击其他孩子：引导孩子描述发生了什么；与每一个孩子移情；引导孩子们把他们的感受说出来，而不是攻击其他孩子。

多子女家庭中的父母需要注意，当孩子撒娇、变得顽固或者故意行为不当的时候，通常是孩子情绪失常的信号。此时，父母需要亲自和孩子们坐在一起，引导孩子们不带攻击地表达自己的需要，找出将紧张气氛化为欢声笑语或宣泄压力的哭泣的方法。父母还需要帮助每一个孩子换位思考，发展出同理心，并找到一个双赢的解决方案，满足双方被尊重的需要。对于孩子而言，真正有价值的并非冲突本身，而是冲突给了孩子解决问题的实践机会，并在父母的帮助下强化了自己的价值观。当孩子有与兄弟姐妹多次合作解决问题的经历时，便会有足够的信心与能力来自行处理问题。更重要的是，孩子们在成长的同时不会觉得自己受到了不公平的对待。因此，兄弟姐妹纷争中最重要的解药就是：父母必须用日常的行动来证明，无论其兄弟姐妹得到什么，每一个孩子都能获得足够的爱、关注和欣赏。

第五章 核心素养导向的家庭教育落实路径

很多家长看到前面的介绍头都大了，觉得自己的孩子什么素养都缺，不知如何来培养。本书认为核心素养在家庭中不必刻意去追求，也不能刻意追求，核心素养很简单，就是关注人，关注我们的每个具体的孩子。我们家长需要做好下面三方面的事情：改善亲子沟通、建立良好亲子关系、培养孩子健全人格和良好的习惯。

第一节 建立良好的家庭亲子关系

亲子关系是我们谈及家庭教育绕不开的话题。人生最重要的关系莫过于父母与子女之间的关系。美国心理学家简·尼尔森在《正面管教》中说："在纠正孩子的行为之前，先要赢得孩子的心。""赢得孩子的心"，指的正是建立良好的亲子关系。

现实生活中，许多家长过分强调"教育"这个动作，拼尽全力地投入大量金钱、时间，送孩子进培训班，督促孩子学习，却忽视了建立高质量亲子关系的重要性。在当代社会背景之下，采用以往的教育方式对培养孩子的核心素养的功效甚微，因此本书强调在核心素养导向下的亲子关系大于教育。

一、亲子关系的概述

遗传学认为亲子关系原指父母与子女之间的生物血缘关系。我们这里的亲子关系，首先指的是父母与子女之间的关系，其次是一种社会关系，它是法律保护的血缘关系。它具有三层意义，其一，生物学意义，主要表明的是血缘关系；其二，社会学意义，主要表明的是法律、地位等关系；其三，心理学意义，主要揭示其特定的情感态度、行为方式等方面的联系。亲子关系具有三方面的性质❶。

首先，亲子关系具有亲缘性质。亲子关系是一种血缘关系或拟血缘关系，血缘的本质是与生俱来的，不可选择，也无法改变。亲缘关系从种系的立场上为人类复制、创造、提升下一代，既提供了前提，又提供了基础。

其次，亲子关系具有法律属性。法律规定了亲子关系中亲子间的权利与义务，亲子关系依法受到国家保护。如我国宪法规定，父母有管教和保护未成年子女的权利和义务。

最后，亲子关系具有情感属性。亲子关系往往伴随着深刻的情感体验，亲子关系中的情感的力量无比巨大，正向的情感体验是亲子关系健康发展的强大动力。当亲子关系亲密和谐，孩子对父母尊重、信任，认同感增强，于是更愿意听从父母的建议和管理，父母对孩子的影响和感染力也会增强，教育会事半功倍。反之，如果亲子关系疏离、矛盾重重，父母的管教就容易引发负面效果。此外，孩子与父母的关系，决定了他与他人乃至整个世界的关系。如果孩子和父母之间是一种和谐、有效的良性互动模式，他的性格会更好、思维方式更积极，在与人交往、探索外部世界时，就更加得心应手。因此，本节主要从情感属性上来探讨亲子关系。

二、亲子关系建立的时间线

亲子关系贯穿于人的一生，但它在不同时期有不同的表现。父母应按照孩子成长不同阶段的不同特征与孩子进行链接互动，建立良好的亲子关系。

（一）乳婴儿期建立良好亲子关系的要点（0—3岁）

三岁之前是建立良好亲子关系的一个重要时期，这个阶段拥有良好亲子关系的决定因素是依恋的建立。依恋是儿童与其主要照料者之间建立的最早特殊情感联系，它产生于婴儿与父母的互动过程中，是一种感情上的联结和纽带，是婴儿与父母，尤其是母亲的情感连接方式。这种联系一旦形成，就会成为他今后与他人打交道或建立关系的一种模式。因此，一个人幼年时与母亲建立的依恋模式不仅会影响他与母亲关系的质量，还会影响他日后的人际关系，包括他在幼儿园、小学、中学和大学与同学和老师的关系；进入职场后与同事和上司的关系；恋爱时与恋人的关系；步入婚姻后与配偶和子女的关系。

首先提出并建立依恋理论的是英国精神病学家约翰·鲍尔比。美国心理学家玛丽·安斯沃斯将婴儿的依恋类型分为三种，即安全型、回避型和反抗型。安全型依恋为良好、积极的依恋，它对孩子的心理发展意义重大。

---

❶ 缪建东. 家庭教育社会学［M］. 北京：高等教育出版社，2015.

1. 影响孩子建立安全型依恋关系的行为

（1）婴儿时期的母婴分离。宝宝和妈妈有着天然的链接，妈妈是宝宝安全感最初的来源。妈妈的陪伴时间和质量决定了宝宝的母婴依恋类型。如果妈妈这个安全岛可以给予孩子足够的安全，他们就会勇敢自信地向外探索世界，否则，宝宝可能会出现过度黏人或者过度独立拒绝他人善意帮助的情况。

（2）频繁更换看护人。很多家庭由于各种原因，总是频繁地更换孩子的主要抚养人，如经常更换保姆；父母工作忙，孩子在很小的时候就被送往托儿所；父母外出打工，孩子被轮流交给爷爷、奶奶、姥姥、姥爷看管等。要知道，建立安全的依恋关系，需要稳定的陪伴和时间的积累。如果频繁中断孩子与成人之间的情感联结，这种关系就很难建立起来。

（3）生活不规律。规律的生活，可以让孩子对接下来发生的事情有预判，增加他们对未来生活的确定性，从而有助于孩子安全感的建立。反之，生活如果不规律，孩子总是生活在对未来不确定的状态中，则不利于安全依恋关系的建立。

（4）父母经常偷偷离开。我们经常会见到这样的场景：妈妈为了不让孩子哭闹，会趁孩子看不见的时候偷偷溜走。但是，妈妈偷偷离开，对于孩子来说则意味着"妈妈不见了！妈妈不要我了！妈妈不爱我了……"由此而带来的恐慌可能会让孩子一整天都不安心，所以这是一种非常糟糕且破坏孩子安全感的行为。

（5）需求经常得不到回应。一些家长因为工作忙碌或是耐心不足等原因，对孩子的需求往往很难及时回应或是懒得回应，习惯以"哭就哭吧"或是让孩子多睡等方式处理孩子的哭闹。这样的行为都会影响安全依恋关系的建立。

2. 如何帮助孩子建立安全的依恋关系

（1）安排固定的监护人或抚养者。在孩子出生后的前几年，尤其是0—5岁这个阶段，要尽量由稳定的监护人照料，为孩子营造安全的、可信赖的生长环境。此外，心理学研究表明，父母与孩子之间有着天然的建立情感的基础，在孩子与父母的关系中，孩子最能获得心理满足，也最能形成良好的互动。因此，如无特殊情况，孩子的看护人最好由孩子的亲生父母承担。

（2）多与孩子做身体接触和情感交流。孩子的安全感不仅来自"吃饱睡好"，更重要的是来自家长与孩子之间的良性互动，包括身体接触、眼神交流、语言沟通等，这些方面如果被忽略，通常会导致孩子与父母之间疏远、冷漠，难以建立安全的依恋关系。所以在宝宝还不能理解语言所表达的感情时，直接的肢体接触是最好的方式。

（3）及时回应孩子的合理需求。其实在孩子0—1岁时，孩子的需求更多是生理需求，孩子的哭闹、吸吮，或是咿咿呀呀、嘟嘟囔囔等都是有意义的，是孩子在表达情绪或是以别样的方式传递需求信号。家长要敏感地领会到孩子的用意，随后迅速做出适度的反应，是该即时满足、延迟满足，还是不予满足。

随着孩子的成长，孩子的需求不再局限于生理方面，家长也要及时关注到孩子的心理需求，比如，孩子对世界的探索欲、好奇心等。同时也要鼓励孩子积极地探索，并提供必要的帮助和支持。尤其是当孩子遇到挫折需要安慰的时候，家长需要尽量及时出现在身边，给予安慰和鼓励。

（4）遵守承诺，引导孩子正确面对分离。在日常生活中，家长要学会引导孩子正确面对分离，离开时让孩子了解家长的去向，让其认识到离开是暂时的，不代表抛弃他（她）。同时，家长也要通过生活里的各种小事，让孩子认识到大人的每次承诺都是可信的、会做到的，这样的良性循环，能很大程度建立起孩子的信赖感和安全感。

（5）管教时，注意与孩子的沟通方式。很多家长面对孩子的"调皮任性"和"不听话"时，可能经常会说这样的话："宝宝听话，妈妈喜欢""再皮，我们就不要你了！"……这种表达虽然可能在短时间内控制了孩子的行为，但其实已经对孩子造成了伤害，让他们觉得——"如果我没有做好、做到，爸爸妈妈是不是就不爱我了？"从而产生"爸爸妈妈的爱是有条件的""我会被抛弃"的担忧，影响亲子间安全型依恋关系的建立。

面对做错事的孩子，家长需要强调事实，告诉孩子做错事情后的现实结果，而不是以爱作为诱饵，强调想要获得爱孩子该如何做。要让他知道，做错了事需要改，但这不会影响爸爸妈妈对他的爱；其他孩子做得再好，都无法取代他在爸爸妈妈心中的位置，这样才能呵护好孩子小小心灵的安全感。

（6）规律生活，锻炼孩子独立能力。给孩子做好合理规律的生活安排，可以让孩子对自己的生活有掌控感，提升孩子的安全感。同时在生活中适当锻炼孩子的独立能力和习惯，比如，让孩子学会自主吃饭、穿衣、喝水、如厕等，也有助于孩子变得更自信。独立自信的孩子对于父母的过度依恋会大大减少。

（7）对生活中发生的重大变化提前规划。对于打破孩子生活的重大变化，例如更换居住环境或者幼儿园等，父母需要提前规划，并让孩子参与其中。当他们对事情会如何进展有一定的掌控和预知时，心里的担心和恐惧就会大大减少。

（二）幼儿期的亲子关系（3—7岁）

1. 幼儿期父母的角色定位

在这个阶段，父母的角色是培训者。孩子的认知发展处于萌芽时期，孩子的主要学习方式是模仿而不是理解，是行动而不是思考。这个阶段的孩子需要的是能力的培养，所以家长要学会放手，多肯定，孩子旺盛的好奇心会让他们行动迅速，家长要鼓励孩子进行多种尝试，探索更多的方法，从而锻炼自己的能力。

2. 幼儿期建立良好亲子关系的要点

首先，给予幼儿正确的评价。评价幼儿应更多地关注幼儿的发展过程，进行纵向观察，注意幼儿显性发展与隐性潜能的统一，更注重幼儿良好个性品质和行为习惯的培养。

其次，鼓励幼儿游戏。正确认识游戏和玩耍是幼儿期学习和建立自我认知的主要途径，鼓励和陪伴幼儿观察、阅读和游戏，通过丰富的感官刺激促进幼儿智力的发展，建立良好的亲子关系。

最后，我们应关注亲子游戏。家长要多陪伴幼儿，为幼儿创造与同伴交往、游戏的机会，寓教于乐，正确引导幼儿使用电视、手机、平板电脑等，严格控制使用时间和内容选择。

（三）儿童期的亲子关系（6—12岁）

1. 儿童期父母的角色与定位

在这个时期，父母对孩子的角色更像是教练，孩子逐渐形成了自我意识，会把更多的精力放在证明自我的存在上，这个时期的孩子还在不断地思考或者开始用思考来解释问题，这个阶段是孩子思考力提升的关键时期。因此，家长需要做的就是用引发孩子思考的方式与孩子相处。这个时候，家长需要向孩子传递积极有效的人生观，培养孩子转化资源的能力，学会看到比自己认识中更好的孩子。

2. 儿童期建立良好亲子关系的要点

首先，树立良好的学习体验和学习态度。学习具有情境性，学习过程中体验到的情绪和感受会与学到的知识相联系。家长要牢记以下四点：

第一，写作业是孩子自己的事，鼓励培养孩子的自我管理能力，家长监督即可。

第二，为孩子营造安静温馨的家庭氛围和环境。

第三，让孩子感受到家长更多的宽容和支持。

第四，家长的第一身份是孩子的父母，而不是孩子的老师。孩子的一生会有很多老师，但父母是独一无二的，不要因为作业辅导而伤害了珍贵的亲子关系。

其次，不要因为自己的越俎代庖而削弱孩子的体验和总结能力。父母在这个阶段要学会放手，让孩子在遇事的张弛之间去体验、调整、应对和总结，这个挫折的过程让孩子感受到父母的理解、支持和陪伴，是建立良好亲子关系的秘诀。

最后，身教重于言教。这个阶段的孩子学习更多的是用眼睛看，是模仿，而不是用耳朵听，去服从命令。如果父母自律、自制、自尊，生活井然有序，孩子会认为这样的生活是理所当然的。如果父母的生活杂乱无章，一团糟，孩子也会照单全收。

（四）青少年时期的亲子关系

1. 青少年父母的角色与定位

这一阶段需要重新制定亲子关系的规则和模式。本阶段亲子关系的两个目标是：促进儿童更加独立，提高儿童的水平；在家庭关系的亲子子系统中建立权力平衡。如果这两个目标能够顺利实现，那么亲子关系的重新定义就能使家庭系统继续有效运作。

从根本上说，大多数父母在这一阶段面临的挑战是要学会适当减少对子女的控制。青春期的孩子需要更多的空间、尊重、欣赏、陪伴和支持。因此，父母需要给孩子足够的空间，学会尊重他们、欣赏他们、唤醒他们的梦想，引导他们成为自己期望的、对社会有价值的人。

2. 青少年期建立良好亲子关系的要点

首先，尊重生命成长规律，对青春期孩子的情感和生理需求有一个正确的认知。尤其是面对孩子早恋现象的时候，一是要看清自己担心和慌乱情绪背后的原因；二是要平复自己情绪后把你的担心说给孩子听，告诉孩子应该遵守的性别和情感界限；三是这个阶段的学习是最重要的，要因势利导；四是把生活的决定权交给孩子。

其次，正确看待亲子冲突。青春期的孩子是在亲子冲突中发育成长的。亲子冲突的发生正是在提醒家长：孩子已进入青春期，向成人过渡，家长需要调整与孩子的沟通互动方式。鉴于以上原因，此时家长应做到以下几点：一是家长在这个阶段要适应和接受孩子身心变化的现实，尊重和信任是第一位的；二是要放权，家长要学会把孩子的主动权交给孩子的成长；三是要做到"不求不助，有求必应"，家长要给孩子成长的空间，甚至是试错的空间，当孩子遇到无法解决的困难时，要及时给予帮助和支持；四是做到用"心"回应，而不是用"脑"回应，当父母与孩子心心相印、同频共振时，父母就能真正读懂和理解孩子的内心，当父母与孩子心心相印、同频共振时，父母就能真正读懂孩子的内心，就能让孩子感受到更多的尊重和自我实现。

三、建立良好亲子关系的基础

要建立良好的亲子关系，我们应该具备以下几点共识：

1. 关系先于教育、关系包含教育、关系大于教育

我们常常说教育是生命影响生命，可影响力哪里来呢？没有接纳、尊重和理解，就没有生命的连接；没有生命的连接，就无法构建稳固的关系；没有好的亲子关系，就没有影响力；没有影响力，就没有教育。孩子不会向自己讨厌的人学习，而只会被自己尊敬、信赖的父母滋养、唤醒、影响和熏陶，通过模仿、追随来吸收、内化，最终实现自我成长的。因此，好的亲子关系，是好的教育的前提和基础。有好的亲子关系做基础，教育是水到渠成的一件事。而没有好的亲子关系，父母就没有影响力，教育在没开始时就注定失败了。

任何一种关系构建的过程，都是我们信念、价值观、行为准则和爱的能力呈现的过程。我们是什么样的人，秉持什么样的信念和原则，就会怎么样对待自己的孩子、伴侣、朋友和生活。我们以什么样的态度和方式来构建夫妻关系、亲子关系、师生关系，不仅向孩子呈现了我们是什么样的人，也传递了我们希望在孩子身上看到什么样的价值观和品质。关系本身就是目的，而不只是教育的手段和方式，因为人就是在关

系中认识自我、感受幸福的,孩子在关系中学会如何积极倾听、理性沟通,如何文明表达、尊重多元,如何妥协礼让、达成目标和表达爱意。

无论我们想不想当孩子的老师或榜样,在生命的早期,孩子都会天然地以父母为老师和榜样去学习、模仿,因此父母必然会对孩子进行教育。但作为父母的我们一定要觉知:自己首先是父母,不是老师,不要总抱着教育孩子的想法指指点点。孩子的一生之中,父母之外的老师可以有很多,但能让孩子始终如一感受到自己是世界上独一无二的存在,能被无条件接纳和爱着的,只有父母。我想大家都听过《孟子》里的"易子而教",讲的是公孙丑问孟子:"为什么君子不肯亲自教自己孩子,而要'易子而教'呢?"孟子说:"因为父亲用道理去教育儿女,儿女就会反驳说:'爸爸,你自己都做不到,还好意思教育我'?父亲就会因此动怒。一动怒,就会求全责备,伤害父子感情,反而造成父子关系疏远。而关系疏远,是最大的不幸。"古人尚且都明白"关系大于教育"的道理,难道生活在今天的我们反而不明白吗?

2. 父母的身心状态影响亲子关系的互动

孩子是种子,父母是土壤、阳光、空气和水。父母的状态就是孩子的成长环境,父母做最好的自己,才能给孩子最适宜的环境。如果我们希望孩子这颗种子结出的果实又大又甜,那么就要考虑父母的土地如何?父母的身心状态如何?如果父母平时工作很忙很累,压力很大,其能量就会很低,容易焦虑失控,情绪波动,那父母回到家会是什么样子?如果还要去辅导孩子作业,会不会是一点就着、一说就爆?如果父母身心状态比较好,能量高,身心轻松愉悦,看着孩子就会感觉顺心顺眼,辅导作业和与孩子的互动过程也会有耐心和爱心。因此,要建立好的亲子关系,父母首先应成为更好的自己,让自己保持高能量的状态。高能量状态的父母知道自己想要什么,同时对未来也很坚定。孩子看到父母每天积极向上和充满正能量,自然也会把注意力放到自己的成长上。高能量状态的父母总是从积极的角度看问题。问题本身不是问题,如何看待问题才是问题。孩子的成长和大人的成长都是一样的,问题为成长提供了机会。所以,从积极的角度来看,问题也是资源。高能量状态的父母善于管理自己的情绪。他们有很强的自我觉察力,在自己做得不够好的时候能及时觉察并接纳。每个人都有情绪起伏的时候,高能量的父母只是更懂得转念。过去的只去反思,而不会让它对当下产生内耗。高能量状态的父母努力活出喜悦和绽放的状态。在跟孩子的交流互动中,时刻让爱是流动的,会给予孩子高质量的倾听和陪伴,能真正看见孩子,给孩子更多积极正向的反馈。其实,人终其一生都是在修炼自己的生命状态。父母的生命状态对孩子有最直接和深远的影响。为人父母最重要的就是自我修炼,养育孩子的过程也是自我疗愈、自我蜕变、自我成长的过程。

3. 亲子活动是维护良好亲子关系的桥梁

父母和孩子可以适当留有亲子时间,比如安排一些专门的家庭活动时间,与孩子共度时光。可以一起看电影、做手工、郊游等,增进感情。也可以共同参与家务活动,一起做家务、参加活动可以加深亲子关系。通过共同参与,父母和孩子可以建立更多的互动和联系。甚至可以在活动中与孩子一起讨论和建立共同的价值观,教导他们正确的道德观念和价值观,引导他们做出正确的选择,孩子也更容易接受父母的观点。

四、建立高质量亲子关系的方式方法

对于高质量亲子关系,不同的书籍和理论对这些标准的表述不一致,但是总的来说基本涵盖了以下三个特点:从内心感受上来看,是稳定安全且灵活开放的;从相处模式上看,是和善又界限分明的;从对外界的态度上看,是富有启发性又能共同成长的。

1. 尊重和信任

父母给予孩子尊重和信任,是孩子建立自尊、自信最主要的力量和源泉。受到尊重是每一个人的底层内心需求,孩子无论多大,都需要受到尊重。尊重孩子,给孩子选择的机会,给孩子成长的自由和空间,接纳孩子的情绪、思想及行为。我们希望孩子健康成长,一定要学会尊重孩子。同时,在生活中,父母要相信自己的孩子。孩子唯有得到父母的信任,内心才会有足够的底气。被无条件"信任"过的孩子,会相信自己,并进一步扩展到相信他人、相信世界。反之,从小不被父母信任的孩子,很难对自己有信心,缺少安全感和生命力,也不容易信任别人。家长经常催促、监督、批评孩子,为他安排好一切,背后隐藏的正是对孩子的不信任,反而会抑制孩子的内在动力,让他变得磨蹭、拖延、消极懈怠。而家长发自内心地相信孩子,认同孩子,给予孩子积极的心理暗示,孩子感受到这种正向反馈,就真的会朝着好的方向发展。以信任为前提的人际关系,会随着交往的深入变得越来越亲密、长久;总是互相怀疑,猜忌对方的话语和行为,这段关系最终一定会破碎。

2. 建立界限

心理学中,界限是指在人际交往中,个体清楚地知道自己与他人的责任和权利范围,既保护自己的个人空间不受侵犯,也不侵犯他人的个人空间。有了清晰的界限,双方才能在保持亲密的同时,各自平等独立、为自己负责。这样的关系,才能和谐、长久地发展下去。因此,家长要把握好清晰的界限,才能建立起健康的亲子关系,教育也会变得轻松且高效。

首先,家长要守住自己的个人界限。很多家长有了孩子后,就陷入了无底线的牺牲和付出中,一切以孩子为先,把自己放在一个最卑微的位置。比如:为了时时刻刻照顾孩子,妈妈可以放弃自己的朋友圈、休闲娱乐,一心扑在孩子身上;只要孩子想要买的东西,即便家里条件达不到,还是会省吃俭用给孩子买等。这种亲子之间地位不平等的关系,通常会造成的结果是,孩子只知道一味索取,自私霸道,看不见父母的辛苦。等到将来长大了,在人际交往中也容易缺乏界限感,只顾自己,不懂得考虑他人的感受和需要。家长把自己的地位放得太低，也会逐渐失去权威感，导致教育孩子变得更加困难。因此，家长再爱孩子，也要懂得守住自己的界限，舍得对孩子说"不"，以及表达自己的真实感受。这其实就是在教给孩子为人处世的规则，不是所有的行为都可以被允许，不是所有需求都可以被满足。

其次，家长不侵犯孩子的界限。日常生活中，家长侵犯孩子的界限常表现为：不尊重孩子的"物权"，未经孩子允许，随意处置孩子的东西，要求孩子把玩具送给别人；不尊重孩子的隐私，查看孩子的手机、日记本，随意进出孩子房间；不考虑孩子的感受和想法，要求孩子按照自己的安排来做事。这些行为，常常会招致孩子的叛逆、反抗，导致亲子关系冷漠疏离、矛盾重重。还有的家长，会以"过度付出"的方式，侵入孩子的界限，亲子之间形成一种"共生"关系：没有自我，孩子是生活的全部；把本该孩子做的事情，都揽在自己身上；常常拿自己的付出"绑架"孩子，让孩子听话。孩子看似得到了满满的爱，实则背负着两个人的人生，承受着巨大的精神压力，内心压抑、影响心理健康。另外，孩子被保护、照顾得太好，缺乏独立做事、锻炼能力的机会，往往会缺乏责任感、没有主见。在孩子婴幼儿时期，一切都需要父母的照顾，这时，没有边界感，给孩子无微不至的照料是正当的。但从孩子两岁左右开始，他的自我意识萌发，开始区分"你""我"，产生物权意识，强调"你的""我的"，此时，父母就要有意识地注意界限：尊重孩子的物品所有权，动孩子的东西之前，需先征得孩子的同意。这样，才能更好地帮助孩子分清楚自己和他人，树立边界意识，心理得以健康发展。

3. 高质量的陪伴

父母的陪伴对孩子的健康成长极为重要，但实际上，高质量的陪伴并非一定要与孩子朝夕相处，真正高质量的陪伴是"在位陪伴"。所谓"在位陪伴"，是指父母在承担家长角色应有职责的时候，是到位的，是尽职尽责的。与之相对应的是"在场陪伴"，许多父母在陪伴孩子时，并非全身心投入，往往同时进行其他活动。调查数据显示，有47.6%的父母在陪伴孩子时进行着家务劳动，有38.4%的父母经常刷朋友圈和微博，有33.85%的父母选择看书，甚至有15.45%的父母戴上耳机听音乐。父母虽然与孩子同处一个空间，但很少了解和回应孩子的需要，从而导致陪伴流于形式，出现"陪而不伴"的现象。

同时，高质量的陪伴对父母也有疗愈功能。当我们全身心和孩子一起互动、一起玩耍、一起做事的时候，就会和孩子形成一种稳定的关系场域，自然会感到轻松愉快，身体也会分泌出大量的荷尔蒙，如DHEA和催产素等，对孩子和父母都是一种双向的滋养。

4. 父母情绪稳定

在儿童的成长过程中，家长的情绪状态对孩子的影响是深远的。这不仅关乎孩子的心理健康，也影响到孩子的社会行为和学习能力。父母情绪稳定，也将带动孩子的情绪稳定，在遇到困难和问题的时候，才不会大喊大叫，手足无措，而是会冷静思考如何解决问题，如何寻找办法。很多父母也都知道对孩子肆意发泄情绪，大吼大叫，不利于孩子成长，但是在现实生活中，往往都不能如愿以偿。因为真正面对孩子时，父母很难做到没脾气。特别是当孩子不肯合作、故意添乱且屡教不改时，往往会令人非常恼火。这个时候要求父母保持情绪稳定，确实有点难。但我们可以通过一些方法为保持情绪稳定做出努力：

（1）增强自我认知。了解自己的情感和情绪触发点是提高情绪稳定性的第一步。家长们可以通过反思自己的情绪反应，来了解自己的情绪模式和触发点，在面临情绪触发点时要学会控制和调节。

（2）学会自我调节。生活中的压力总是无法避免，家长也不可避免地处于各自的情绪临界点。此时，便要学习如何更好地管理压力，控制情绪，不让负面情绪影响到孩子。家长可以通过冥想、运动、听音乐、良好的睡眠习惯等方式来缓解压力，促进家长个人的身心健康。

（3）寻求支持和帮助。有时家长的压力过大或情绪不稳定，在无法自我调节的时候，要学会去寻求支持和帮助。可以向朋友、家人或专业的心理咨询师倾诉自己的困扰，寻求解决问题的建议和策略。这样可以避免在孩子面前表现出过度的压力。

（4）保持积极的生活态度。积极的生活态度可以帮助家长们更好地应对生活中的困难和挑战。即使在面临压力和困难时，也要尽量保持乐观和积极的心态。在家庭营造积极的生活氛围，也可以和孩子建立积极的沟通环境，家长可以鼓励孩子表达自己的感受，同时也要表达自己的情绪。无论是生气还是沮丧，家长可以选择用适当的方式表达出来，而不是去压抑自己的情绪。但要注意，不要在孩子面前过度发泄情绪，做一些不理智的行为，只有这样，才可以让孩子知道，每个人都有情绪波动，这是正常的，能更正确、更积极地面对自己所有正面和负面的情绪。

第二节　亲子沟通的方法和艺术

亲子沟通是实现家庭教育功能的重要方式之一。家庭中的亲子沟通是父母与子女之间交换数据、信息、观点、意见、情感和态度，以达成共识、信任和相互合作的过程。亲子沟通不是简单的"与孩子说话"，是发生在父母与孩子之间的所有沟通行为，传递了父母与孩子之间的认知、态度、情感与行为层面的所有信息。大多数父母愿意和子女进行沟通，但不知道如何进行，"明明是为了孩子好，他却总是不领情""明明是想表示关心，开口却成了训斥""明明是想走近孩子，却发现 TA 离我越来越远"。因此，如何更好地进行亲子沟通，成为摆在家长面前的一道难关。我们可以通过下面的介绍来更好地认清亲子沟通和改善家庭亲子沟通的难题。

一、亲子沟通的常见问题

1. 语言理解差异

家长和孩子往往因为年龄、生活经历和教育背景的差异，对同一句话的理解可能存在偏差。这种语言理解上的差异容易导致沟通障碍，使家长无法准确传达自己的意图，孩子也无法真正理解家长的期望。

2. 情感表达障碍

情感表达是亲子沟通中不可或缺的一部分。然而，有些家长在表达情感时过于含蓄或过于直接，导致孩子无法准确感受到家长的情感。同时，孩子也可能因为缺乏情感表达技巧而无法将自己的感受有效传达给家长。

3. 沟通时机不当

选择适当的沟通时机对于亲子沟通至关重要。然而，有些家长可能在不适当的时候与孩子进行沟通，例如，在孩子情绪不稳定或忙碌时，这样做不仅无法达到预期的沟通效果，还可能加重孩子的心理压力。

4. 沟通方式单调

亲子沟通需要采用多种方式和手段。然而，部分家长可能过于依赖某一种沟通方式，如口头交流，而忽略了其他有效的沟通方式，又如书面表达、肢体语言等。这种单调的沟通方式可能降低沟通效果，使孩子感到厌倦。

5. 忽略孩子感受

在亲子沟通中，尊重孩子的感受至关重要。然而，有些家长可能过于关注自己的想法和期望，忽略了孩子的感受和需求。这种做法可能导致孩子感到被忽视和无助，进而影响亲子关系的建立。

6. 信息传递错误

信息传递是亲子沟通的核心内容。然而，在信息传递过程中，由于各种原因（如家长的表达不清、孩子的理解能力有限等），可能导致信息传递错误。这种错误可能使孩子误解家长的意图，导致沟通失败。

7. 缺乏信任基础

信任是亲子沟通的基础。然而，如果家长在日常生活中没有建立起与孩子的信任关系，孩子可能不愿意与家长沟通或分享自己的真实想法。在这种情况下，即使家长使用再高明的沟通技巧，也难以取得良好的沟通效果。

二、亲子沟通的原则

家庭在进行亲子沟通时，应注意以下原则：

1. 关爱、理解、尊重孩子

家长在家庭教育中要将儿童当作独立个体，尊重儿童、理解儿童、关心儿童，建立和谐、民主、平等的亲子关系和家庭教育方式，为儿童发展创造良好的家庭沟通环境，这是亲子沟通的基础。孩子成长过程中有强烈的尊重需求，而尊重需求的满足与否对孩子积极自我的确立、和谐人格的发展具有重要意义。父母要营造一种孩子敢说、想说、肯说的家庭氛围，尊重孩子的想法、选择、兴趣和隐私，才能打开孩子的心门，与孩子建立敞开的亲子关系。相反，父母高高在上，把孩子作为私有财产或是不平等的个体，交流不过是父母对于孩子的操控和支配，孩子发展中的主观能动性受到抑制。

2. 学会倾听，实现双向沟通

亲子沟通具有不平等性，常见的就是"霸道家长"对孩子的单向信息传递，这其实根本不叫沟通。家长认为他们与孩子进行了围绕某一主题的交流，然而孩子通常认为这些对话是指导性甚至是命令性的单向沟通，单向沟通不会促进亲密的亲子关系，也不能让家长更全面地了解孩子，更难有效地促进孩子的健康成长；相反，亲子之间会更多出现矛盾和隔阂，阻碍孩子的正常成长。只有双向沟通，才能真正理解孩子心中的想法。因此，父母必须向孩子说明我们希望他这么做的原因，再倾听孩子的想法，一起讨论如何可以达成双方都同意的双赢决定。有来有往，畅行无阻，才是所谓的双向沟通。

3. 沟通要注意因材施教

每一个孩子都是独一无二的个体，要从孩子的年龄、生长发育水平、气质类型、性格、兴趣等实际出发，采取不同的方式和途径沟通。对于低龄的孩子，以温和的态度，用孩子听得懂的语言，用形象的故事，以体验的方式与孩子沟通；对于小学高年级以上的孩子，逻辑思维和抽象思维能力已经发展，可根据孩子的气质类型和特点，差异化地进行沟通。对于偏内向的孩子，家长不要试图去改变孩子的性格，要及时关注孩子的情绪及情感；尊重内向孩子的慢节奏，给予足够的耐心与包容；多在细节处肯定与欣赏孩子。对于偏外向的孩子，以平等的身份、尊重的态度扬其所长，因势利导；多夸奖、少批评；引导规则意识；提高专注力。

三、改善亲子沟通的策略

基于亲子沟通的常见问题,我们可以从以下几个方面改善亲子沟通:

1. 亲子沟通的基本理念

1971年,鲍姆林德提出了教养方式的理论(图5-1),他指出父母教养方式的两个维度:爱(反应性)和规则(要求性)。爱指父母对孩子接受与爱的程度以及对其需求的敏感程度;规则指父母应该对孩子行为建立适当的标准,并坚持要求孩子达到这些标准。根据这两个维度上的强弱,鲍姆林德将父母教养方式分为四种类型:溺爱型、权威型、忽视型、专制型。

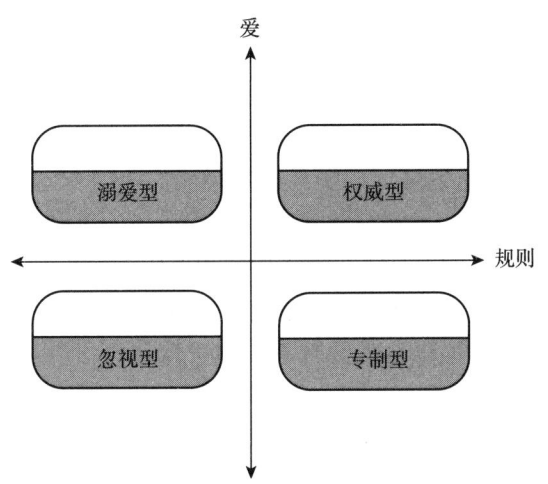

图5-1 鲍姆林德的父母教养方式类型

在家庭教育中,我们应该成为权威型的父母,即高关爱、高规则的父母,他们"理性、严格、关爱、民主、耐心",这最有利于亲子关系的发展,也最能让孩子有所成就。检验父母智慧的标准,是能否同时驾驭爱与规则这两种截然相反的行为准则,并根据客观事实在两者之间从容切换。父母需要掌握爱和规则这两个维度,做一个温暖而坚定的父母:温暖是指无条件的爱,坚定是指没有敌意的坚持不动摇。

爱与规则是需要动态切换的。例如,初三的女儿总是拖拖拉拉,6点半要去画画,好半天都磨磨蹭蹭,6点20还没准备好,妈妈一催促,女儿就急,接下来的沟通就不会愉快,还很有可能发生争执。这种情况显然是孩子缺乏规则意识,家长需要强调孩子的规则意识,妈妈可以心平气和地对女儿说:"画画是你的事情,我只是协助你。我们家的规矩是,你自己决定几点去,到了约定的时间,我会等你两分钟,两分钟后,我就不负责了。"让孩子真正感受到规则的重要性,甚至可以适当迟到一两次,让孩子自己承担迟到的后果,让孩子明确规则的重要性和严肃性。以后每次画画的出发时间都由女儿决定,女儿主动提醒,负责催促父母出发,父母只能被动配合。这便是一堂很好的规则意识课。

那么,如何去爱孩子呢?从心理学角度讲,就是要给孩子能量,让他们变得强大。那么,如何给孩子能量呢?"教育=80%的陪伴+20%的促进"。亲子依恋主要是通过陪伴建立起来的,陪伴是爱最直观的表达。没有给予足够陪伴的父母,不知道孩子的"痛点"和"痒点"在哪里,不了解少年儿童的话语和文化,又如何去促进孩子,给予孩子能量呢?只能隔岸观火,隔靴搔痒。所罗门通过研究提出了"反向指导"的概念。其实,比起让孩子模仿自己,父母似乎更应该模仿孩子。父母通过"80%的陪伴"了解孩子,在此基础上才能理解孩子,在理解孩子的基础上才能促进孩子,给孩子能量。从这一角度出发,仍然可以证明爱的本质之一就是理解。

2. 改进亲子沟通的具体建议和技巧

(1) 定时沟通。为了保证亲子沟通的量,定时沟通是必要的,即每周保有一定时间量进行亲子沟通;沟通内容可以事先系统设计,也可以随机进行。采用中性或偏积极、开放的句式,比如最近学校里有什么有意思的事儿吗?最近有什么印象深刻的事儿吗?你的好朋友欣欣在做什么?请家长不要一上来就直奔主题地问:"这周考试了吗?考了多少分啊?"这种压迫感让孩子内心狂喊"又来了",并闭紧了嘴巴,不愿意与你沟通。为了提升亲子沟通的质量,沟通应该在美好、开放、平等、尊重的氛围中进行,这样亲子双方才能畅所欲言,达到有效的沟通。

(2) 学会倾听。亲子之间的爱可以是具象的,倾听、陪伴都是爱的呈现。倾听行为指的是能全身心聆听对方的表达。倾听不仅指听取其口语表达的内容,还包括观察非语言的行为,如动作、表情、声音(音量大小、语音高低、音速快慢等);不仅如此,还需要有适当的反应,表示听了并且听懂了。倾听的要点是:安静下来,以开放的态度投入到对方语言描绘的世界中;倾听反馈的经典句式是:"嗯,好有趣,我还想知道更多细节""嗯,详细给我讲讲是怎么回事儿";该句式伴随着适时点头、眼神关注、身体微微前倾时效果最佳。学会倾听表现为:全神贯注,不打断对方讲话,不作价值判断,努力体验对方的感受,及时给予语言和非语言反馈。

(3) 及时共情。共情指感受别人感受的能力,阿德勒将共情转化为一种通俗的比喻——"把自己的脚放在别人的鞋子里"。当父母把脚放到孩子的鞋子里,就会明白孩子的深切感受,就会发现:家里最忙碌的人是谁?是初三或高三的这个孩子,这个最忙碌的人一年来写光了多少支笔、写满了多少本练习簿?共情不仅表现在对叙述内容实质的完整把握上,还表现在对其感受的准确体验上。

(4) 学会表达。如何在家庭进行有效、有益的沟通?美国心理学家马歇尔·卢森堡的"非暴力沟通"模式,值得我们借鉴。非暴力沟通重要的四个步骤:观察、感受、需要和请求。下面我们一起了解这四个步骤以及学习在亲子沟通中怎样运用非暴力沟通方式。

第一步,看清现实。从事实中剥离你的评判、揣测和意见,找出完全中立的事实。
我们在沟通时,常常将观察和评论混为一谈。这就导致了沟通时,对方接收到的可能是被批评的信息，并进行反驳。观察是对看到的事情进行具体、客观的描述。评论是对看到的事情下结论。例如，当父母下班回家看到孩子书桌上放了很多的杂物，父母心中有一个标准：学习时书桌上应该只摆出一门功课的资料，更不能摆零食和其他杂物。于是乎会对孩子说："你看你看，你就是邋遢的孩子，书桌乱七八糟，脏兮兮的"。"你就是一个邋遢的孩子"就是一个评论，而且是对孩子人格的评价。如果我们能把客观的事实描述性地说出来："孩子，我一回家看到你书桌放了书、水杯，还有零食……"这种是客观的描述，孩子也没有任何反驳的点。如果稍微鼓励一下，相信孩子会立即清理掉杂物认真写作业。

第二步，识别感受，观察自己的评判或要求，尤其是要从身体的感觉上获取信息。

在家庭中，如果家庭成员无法表达情感，那是很悲哀的，这会堵塞我们沟通的桥梁。表达自己的感受可以让别人更了解自己，也可以避免很多的误解。表达感受时需要注意区分感受和想法。例如，"你没有完成作业被老师批评，我也难过"但是如果把这句话说成："你没有完成作业被老师批评，你活该！""你活该"这句话是父母当下对孩子被批评后的想法，并不利于孩子改正错误。

第三步，发现需要。把事实、感受和我们深层次的需要联系起来，从中找出我们的需要。

需要是感受的根源。我们前面举的例子，父母看到孩子书桌乱七八糟时对孩子说："你就是邋遢的孩子"，就是因为父母内心有一个需要，需要孩子学习认真，书桌干净整洁。当下的感受可能是生气。我们受传统教育影响，很少表达自己的感受和需要，所以我们要有意识地学习正确表达自己的需要。我们可以尝试使用"我感到……因为我"的句式表达。"你没把饭吃完，妈妈感到失望。因为妈妈希望你能健康成长。"这样表达之后，孩子至少不会抗拒，如果孩子真的不愿意吃完饭，那也会真实表达自己的意思，比如，"我真的吃饱了。"孩子也会在父母真实的表达中学习和模仿表达自己的真实感受和需要。需要注意的是，外界的刺激不是我们情绪的来源，情绪的来源是因为我们首先有某个需要没有被满足。我们只有把需要说清楚，别人才能做出积极回应。

第四步，提出请求。请求反馈，请求对方说出他的感受，请求对方采取具体的行动。

在观察、感受和表达需要之后，我们请求他人的帮助。注意要请求不要命令，因为一旦人们认为我们是在强迫他们，他们就会不太想满足我们的请求。生活中，我们都希望别人给予我们积极回应，所以要得到回应，我们说话的方式就很重要。沟通时想要获得积极回应建议做到以下两点：

（1）提出请求说具体的事情。比如，爸爸要出差了，想要孩子帮忙做些家务，可能会交代孩子说"爸爸出差了，你要多帮妈妈做家务"。家务事情有好多，到底做什么，这个还需要孩子去考虑，不如直接告诉孩子"爸爸出差了，妈妈要上班还要做家务，你每天晚上帮忙洗碗。"提出这个请求后，孩子会考虑，放学后什么时候做完作业，吃完饭，洗完碗可能到几点，也许孩子还需要安排一点时间去玩，这样的沟通孩子才会比较迅速做出反应。

（2）正面表达。如果我们告诉孩子"你不要玩游戏"，按照心理学"粉红色大象"效应，孩子会忽略"不"，反而会聚焦在"玩游戏"这个行为上。大家可以尝试一下，如果这个时候我请大家不要想粉红色的大象，大家脑海里就是粉红色大象。所以我们表达请求时，需要正面的表达句式。在日常亲子沟通中，孩子越是不听话，父母就越是会去反复强调不要做这个，不要做那个，反复提醒，随着次数的增加，父母的语气也是会越来越严厉，最后就是批评、指责，甚至会动手。这样的话，父母的话中总是带有负面内容，孩子的大脑就会记住这些负面内容，并且会不断地重复，孩子就会不由自主地去做那些父母禁止的行为。这需要引起我们注意。

另外，父母需要关注的是表达能否激发孩子积极反馈。当我们的需要表达后，孩子有积极的反馈，父母要感谢孩子的积极反馈，这是使用了心理学的正强化，强化孩子的正面动机和行为。如果孩子没有积极反馈，那么我们就需要倾听孩子，倾听他的感受和需要，允许孩子有表达的空间。通过观察、感受、需要、请求，亲子沟通将达到更好的沟通效果。

第三节　良好的习惯和健全人格的培养

养育孩子，要抓住孩子成长的关键时期，完善孩子健全的人格，培养孩子的良好品德，让孩子养成各种良好的习惯。我们可以通过以下方法达到该目标。

一、创设多样化的锻炼机会，培养儿童良好的习惯

实际锻炼法是指家长根据子女自身的发展和社会的需要，有意识地让子女参加力所能及的实践活动，从中锻炼思想，增长实际才干，培养优良的品德和行为习惯的方法。

洛克曾经说："儿童不是用规则教育可以教好的，规则总是被他们忘掉。你觉得他们有时候必须做的事，你便应该利用一切时机，甚至在可能的时候创造时机，给他们一种不可缺少的练习，使它们在他们身上固定起来。这样就可以使他们养成一种习惯，这种习惯一旦被养成后，便不用借助记忆，很容易、很自然地就发生作用了。"[1]一个人的技能技巧、实践才能、良好习惯和品德，不是与生俱来的，也不是自然形成的，它们的获得离不开亲身实践的培养。因此，我们应该积极引导和支持孩子，让他们进行多方面的实践锻炼。做好实际锻炼，家长要在三个方面下功夫。

---

[1] 洛克. 教育漫话［M］. 杨汉麟，译. 北京：人民教育出版社，2007.

1. 要鼓励孩子不怕挫折，持之以恒

父母要鼓励孩子克服困难，不怕挫折和失败，坚持到底。参加任何实践活动都不是一帆风顺的，完成一项任务也不是轻而易举的，总会遇到这样或那样的困难和障碍。少年儿童往往缺乏毅力，意志不够坚强。父母的鼓励是孩子克服困难、取得成功的巨大动力。父母要多给孩子鼓励，少批评，不能轻易指责孩子笨拙、懒惰。家长还要持之以恒，舍得让孩子吃苦。要明白，孩子要学会一定的技能和技巧，养成一定的习惯和品质，吃苦是在所难免的。孩子学走路，都要摔跤，更何况学做人呢？有的父母疼爱孩子，对孩子只是喊苦喊累，做出让步，半途而废，这不仅不能使孩子学会什么技能技巧，反而会使孩子养成怕苦怕累、做事虎头蛇尾的毛病。父母如果在孩子小的时候舍不得他们吃苦，那么等他们长大后会吃更大的苦，接受更大的磨难。

2. 正确对待孩子实际锻炼中出现的失误

孩子参加实践活动，完成家长交给的任务，由于缺乏实践经验和能力，难免会出现这样或那样的错误，家长要正确对待。我们不能指望孩子一开始就什么都会，什么都能做好，什么实践活动都能成功。任何技能技巧的掌握，都要经历一个从不懂到懂、从不熟练到熟练的过程，成人如此，未成年的孩子更是如此。当孩子在实际锻炼中出现失误，甚至造成一些损失时，家长不要过多责备，更不要因噎废食，不允许孩子再做，而应帮助他们分析原因，总结经验教训，鼓励他们勇于实践，这对培养孩子坚韧不拔、不怕挫折的精神是很有好处的。

3. 从孩子的身心特征和实际能力出发，量力而行

安排孩子的实践活动内容和任务不能太难，也不能太简单。太难，孩子会有畏难情绪；太容易，又不能引起孩子的兴趣。实际锻炼的难易程度应通过孩子的努力能胜任，应遵循由易到难、由简到繁、量力而行、循序渐进、逐步提高的原则，既不能操之过急，也不能放任自流。

二、注重榜样示范，塑造孩子健全的人格

榜样示范法是指用榜样人物的高尚思想、模范行为、优异成就来教育和影响孩子的家庭教育方法。少年儿童的思维特点是具体形象，他们的思想道德具有很强的可塑性和模仿性，因此具体、生动、形象的榜样最容易被他们理解和模仿。由于父母与子女在情感上的天然亲密性，来自父母的榜样更容易感染和激励子女，其教育效果也因此更加巨大和深远。通过榜样示范法塑造孩子的健全人格，可以通过以下几方面进行：

1. 父母以身作则、树立榜样

作为父母，我们应以身作则，成为孩子的榜样，展示出我们对家庭和社会的责任

感。我们要注重生活中的点滴细节，教育孩子承担责任，鼓励他们积极参与社会活动，始终保持对家庭和社会的责任感。只有这样，我们才能帮助孩子从小就明白责任的重要性，培养出有责任感的孩子。

家长还应通过革命领袖、英雄人物、著名科学家、学者、历史名人以及文学艺术中的正面典型人物的形象来教育孩子。典型人物通过自己的言行把道德规范具体化、人格化，使孩子在鲜明的形象中受到感染和教育。家长应选择符合时代需要和教育目的的典型人物，这样更有利于将典型人物的优秀思想品质转化为孩子的品质和行为；要注意引导孩子阅读某些历史人物的传记和优秀的文学艺术作品，使孩子了解榜样的生平、经历、磨难、功绩和美德，突出优秀历史人物最感人的表现，激发孩子对榜样的敬仰之情；同时，要抓住时机，诱导和鼓励孩子向英雄人物学习，并付诸行动，从而激发孩子学习先进典型人物的内在思想品德，养成良好的行为习惯。

家长还应教育孩子向身边的普通人学习。老师、同学、朋友的好思想、好品德、好作风，是孩子最熟悉、最容易接受的学习榜样。同时，要指导孩子既要看到榜样的优点，也要了解榜样的缺点和不足，引导孩子全面观察和了解一个人，学会以他人的长处为榜样，虚心向他人学习，充分了解他人的特长，取长补短，共同进步。

2. 积极吸纳榜样的优点

榜样示范要深入孩子的内心，形成其自觉的思想和行为，才能真正塑造其人格。主要应从培养孩子的自尊心、自信心、自觉性、坚持力和责任感上着手。

（1）培养孩子的自尊心和自信心。自尊是一种爱自己、尊重自己并期望得到他人、群体和社会喜欢和尊重的感觉。自信是一种认为自己有能力做某件事情和完成某项活动的感觉。两者都是自我发现的心理情感。一个人只有感到自己能够做好某件事情，才能做成并做好它。

家长应鼓励、保护和不伤害孩子的自尊心和自信心。要经常倾听孩子的想法、愿望和意见，让孩子首先感受到自己在家庭环境中的地位和分量；然后要鼓励孩子积极参加邻居、幼儿园、学校和集体的活动，以获得同伴和同事的爱戴、尊重和信任；要巧妙地保护孩子的自尊心和自信心，不能随意伤害孩子的自尊心和自信心。家长要培养孩子遇事决断的能力，暗中帮助孩子取得成功，经常让孩子体验成功，这样会大大增强孩子的自尊心和自信心。父母要通过与孩子对话、交谈、谈心等方式来调节对孩子的期望。当父母以一种随意、轻松的方式与孩子交谈时，孩子就能在没有压力的情况下培养充分表达自己的语言和思维能力，并不断接收到肯定的信息，从而增强他们的自尊心和自信心。

（2）培养孩子的自觉性和坚持力。自觉性和坚持力是指主动、持续地做某事的能力。坚持力也叫毅力。一个人要想在生活中有所成就，就必须有意志力的支持。自觉性和坚持力是意志力的重要组成部分，是良好意志力的体现。意志力主要是指一个人能够始终清楚地意识到自己行为的目的，并积极地、坚持不懈地支配自己的行为，使之符合正确目的的能力。明确行动目的并主动去执行的能力并不是与生俱来的，而是需要长期培养的。家长要尽量让孩子明确行为的目的，充分利用具体的活动或事物，帮助孩子理解坚持的意义；要培养孩子遵守时间、按时间规则行事的习惯，培养自觉性；同时，家长也要给孩子一定的压力，迫使他们适当地做一些事情；此外，家长还要让他们知道，不做不行，做了也得做，坚持做下去，就会逐渐转化为自己的行为需要，从而能自觉地去完成那些非做不可的事情，这样就把"压力"变"动力"了；父母还要充分利用体育锻炼，培养孩子的忍耐力，使其有足够的体力和精力来坚持，逐步增强其忍耐力、承受力。

（3）培养孩子的责任感。责任感是指一个人对自己的言行、行动等认真负责、积极主动态度的情感体验。一个有责任感的人，会对履行自己的承诺感到满意和放心，也会对自己没有履行责任感到遗憾、羞愧、不安和内疚。这种体验会促使一个人竭尽所能地履行自己的承诺，从而使自己具有可靠、值得信赖的良好社会形象。责任感在成人社会中具有诚信的价值。培养孩子的责任感，要给孩子一些力所能及的任务，让孩子学会牢记自己应该做什么，并认真完成；也可以让孩子扮演各种社会角色，加强角色体验，承担相应的责任，让孩子在一次次的角色体验中积累责任感；要鼓励孩子做"小干部"，在现实社会中做一个有责任感的人。鼓励孩子做"小干部"，在现实社会实践中培养责任感。父母不要以为学习以外的事都是"闲事"，只会耽误时间，只要学习搞好什么都有了。要知道，正是这些服务于集体的"闲事"，会使孩子深深体验到集体、他人需要自己，并努力以自己的行为去证实自己是值得大家信赖的，责任感也就同时产生了。这种产生于亲身社会实践的责任感，有很大的影响力，使孩子的学习行为以及其他一切行为都受到良好的影响，形成强烈的有广泛意义的责任心。

总之，完美人格的塑造，是家庭教育始终要追求的目标。

三、恰当使用奖励和惩罚，对儿童行为进行合理的强化

奖励和惩罚是家庭教育中常用的方法，但用得不好反而会后患无穷，因此我们要学会如何恰当地使用这两种办法，达到育人的良好效果。

（一）合理运用表扬与奖励

表扬和奖励有三种具体方式。一是赞许。即对孩子的好想法、好品德、好行为表示赞许，给予肯定。赞许可以是口头语言，如"好、对、是、可以"，也可以用眼神、点头、微笑、手势、亲昵等肢体语言来表达。二是赞美。这是对孩子好思想、好品德、好行为的一种比较正式的表扬。表扬可以是口头表扬，也可以是书面表扬，可以单独进行，也可以当众表扬，如当着家人、亲友或老师的面。当众表扬效果更好。三是奖励。这是对孩子比较突出的好思想、好品德、好行为和明显进步，给予充分肯定和高度评价。奖励又分为物质奖励和精神奖励。物质奖励是为了满足孩子的物质需求，精

神奖励是为了满足孩子的精神需求❶。为了激励孩子不断进步，在家庭教育中应做好表扬和奖励，家长在表扬和奖励孩子时应遵循以下原则。

1. 表扬要真实、不夸张

部分家长可能会遇到这样的情况，明明是在表扬孩子，却会引起孩子的反感。这是因为家长对孩子的表扬不够贴近事实。孩子与父母都是独立的个体，作为家长有责任给予孩子良好的教育，引导孩子朝着良性的方向发展，但并不需要无事献殷勤，刻意讨好孩子。孩子都很聪明、敏感，刻意的讨好式表扬反而会让孩子感觉到很夸张、很虚伪，内心产生轻视。所以，表扬孩子要做到真实、自然，实事求是，表扬奖励要根据孩子好思想、好品德、好行为的实际程度进行。

2. 表扬、奖励要具体、详细

现实中很多家长在夸奖孩子时会喜欢说"你真棒""今天表现不错"之类的话，而不是指出孩子哪个具体行为做得不错，这样一来，孩子就算因为获得表扬而开心，但是内心其实并不清楚自己到底哪里做得好，这并不利于孩子以后的表现。所以家长在表扬孩子时，一定不要敷衍。真诚地对孩子的具体行为作出表扬，表扬得越具体，孩子越容易明白哪些是好的行为，越容易找准努力的方向。表扬的潜在作用可以为孩子将来的行动指明方向，使孩子受到鼓舞而更加进步。

3. 要做到及时表扬奖励

对孩子表现较好的思想、品德、行为和进步，家长应及时给予适当的表扬和奖励。因为儿童、青少年的思想情绪存在不稳定的特点，容易动摇、反复，及时地表扬和奖励，可以不断强化他们进步的愿望，使之得到巩固。如果是很长时间才表扬奖励，时过境迁，孩子的进步表现得不到及时的肯定，上进的愿望得不到及时的支持，那么表扬奖励的激励作用就会大大减弱。要做到及时表扬和奖励，就要求家长注意观察，了解孩子的实际表现，随时掌握孩子的思想状况。

4. 表扬奖励必须与其他教育手段整合

首先，表扬和奖励只是家长影响孩子成长的众多方式之一，只有与其他教育手段（如批评、环境熏陶、榜样示范等）有机结合，才能达到最佳的教育效果。

其次，表扬和奖励毕竟是一种外部强化，过多地使用，很多孩子会对表扬"上瘾"——对自己所做的任何小事都期望得到表扬，或者会使孩子对表扬和奖励产生依赖心理——如果给予表扬，孩子就会去做；如果不给予表扬，孩子就不会去做，就算应该做的事也是这样，而且过多的表扬和奖励会减弱活动对孩子的吸引力。

因此，在运用表扬和奖励的同时，我们还应努力创造条件，让孩子从活动本身中

---

❶ 蒲蒲. 妈妈，不要在人多的时候表扬我啊！[J]. 少年儿童研究，2003（10）：2.

获得快乐，活动中的快乐是孩子不断进步的根本动力。只有让孩子从活动中获得快乐，他才会养成自觉的、持久的习惯，孩子学习和发展的动力绝不是单靠外部强化就能实现的。

5. 要对不同的孩子有针对性地使用

表扬和奖励，对所有孩子都有积极作用，但在使用时要注意因人而异，有针对性地使用。年龄小的孩子，父母的搂抱、亲吻、抚慰、赞许以及漂亮的玩具、好吃的东西等物质奖励都会起到良好的效果。对年龄稍大的孩子，应采用以精神鼓励为主的方法，如画上五角星，竖大拇指，拍拍他的肩膀，答应孩子一个承诺等。对孩子的表扬奖励应根据孩子个性的不同有所不同，对好自满、容易骄傲的孩子，要特别注意掌握尺度分寸，而对于比较自卑的孩子，要适当加重表扬奖励。同时，对孩子的表扬和奖励还应依据他过去情况和现在所达到的程度来判断，对一直比较优秀的孩子应该提高标准和难度，在一般情况下，表扬不宜过多，更不要拔高。对处于中间状态的孩子，要及时发现并表扬他们的优点，鼓励他们对自己有高标准、严要求，奋发向上。对暂时落后的孩子，要照顾到他们的起点，努力发现并及时抓住孩子身上的优点、长处和进步，哪怕是微不足道的，对别的孩子来说不值得一提，可对这些孩子来说是极为可贵的进步，应给予适当的表扬奖励。还要注意，表扬奖励应当是诚心诚意的，千万不能虚情假意。虚情假意的表扬奖励，比不表扬奖励效果更差。

总之，表扬和奖励是对孩子的进步，对他们表现出的好思想、好品德、好行为的积极评价。这种积极的评价能起到使孩子精神愉快、心理满足的教育效果，有利于调动他们自我发展的积极性，达到家庭教育的目的。因此，表扬与奖励应该成为家庭教育中家长乐于使用、经常使用的教育方法。

（二）恰当运用批评和惩罚

批评与惩罚是对孩子不良思想、不良品行给予的否定，能引起他们不愉快的情感体验，使之内疚、痛苦，从而使其在错误中吸取教训，不再重犯。批评和惩罚可以从不同程度否定孩子的不良思想和品行。对于孩子一般的缺点、错误和过失可以用批评，对于性质和后果比较严重的缺点、错误和过失需要对孩子做出惩罚。批评和惩罚对儿童具有教育意义，因为批评和惩罚对儿童的不良思想和行为品德给予否定性评价，会使儿童产生不愉快的情绪体验，从而从缺点、错误和过失中吸取经验教训，不再犯错。批评和惩罚运用得好，不仅可以使孩子们明辨是非、善恶，还可以促使他们学会用自己的意志去克服自己的缺点和错误，改正自己的行为过失，从而培养他们形成改掉缺点过失、克制不合理欲望的意志品质。

批评与惩罚是一把双刃剑，用好了会起到事半功倍的效果。但是如果批评过于苛刻，惩罚过于严厉，或者面对的教育对象是一个心理极其脆弱的孩子，就有可能让孩子产生逆反心理，带来一些负面影响。我们在对孩子进行批评惩罚时应注意：

1. 明确批评惩罚的目的

家庭教育具有随意性的特点，有些家长会在心情不好的时候拿孩子出气，孩子一不小心做错事都会成为父母训斥的对象。然而，批评惩罚本身并不是目的，更不是家长出气的方法。所以，孩子犯错时，家长要保持冷静，理智看待孩子思想及行为，分析错误问题，根据情节轻重以及造成的后果努力做到公正合理的批评惩罚力度。批评和惩罚的目的是促使孩子克服缺点、改正错误、改正过失，而要达到这一目的，父母的批评和惩罚必须得到孩子的理解和接受，让孩子认为是理所应当的。批评和惩罚如果过多过滥，就会有失公允，孩子就会不服气，势必产生对立反抗情绪，必然达不到预期的目的。所以在批评惩罚孩子时，父母要认真全面地了解情况，弄清缘由，恰当地估计其严重程度。不能在情况不明的情况下，鲁莽行事，任意批评惩罚孩子。在批评孩子时要以关爱孩子为前提，让他们能感受到"父母是在爱护我、帮助我而不是拿我出气"，这样的批评才有效果。

2. 批评惩罚时家庭成员态度要一致

在家庭里教育孩子时往往会出现"一个唱白脸，一个唱红脸"的现象，这也往往成为夫妻之间或者家长与老人之间的矛盾之一。比如，当父亲正在指责孩子时，母亲却来了一句"孩子还小，不懂事"。在这种情况下，孩子的心里犹如有了保护伞，不把父亲的训斥当回事儿，批评的效果也就会大打折扣。所以，家庭成员之间要协商好，当孩子确实有错时，在批评教育孩子方面要保持一致态度。

3. 要做到批评讲究艺术

批评孩子要指出孩子错在哪里，帮助孩子分析错误是怎么产生的，告诉孩子如果不及时改正，会有什么危害继续存在，或者已经造成了什么危害，并指出如何改正，今后应该怎么做。批评过程中态度要严肃，但必须明确，批评不等于简单否定、粗暴训斥，更不能用讽刺、挖苦、奚落、辱骂的办法，批评必须体现着尊重、爱护、期望和信任，促使其进行激烈的思想斗争。简单的否定，不能提高孩子的认识，训斥、讽刺、挖苦、奚落不尊重孩子的人格，伤害了孩子的自尊心，必然导致孩子的对立情绪。批评要注意时间、地点和场合，最好不要当着外人的面，以免让孩子难堪。著名教育家陈鹤琴指出："做父母的不应当在客人面前去骂小孩子，应当等客人去了以后，方才慢慢去教训他，教训他不听，然后去责备他。那么小孩子因为不丢面子，就很高兴去改正他的过失。"睡前和吃饭时不要批评孩子。如果在睡觉前批评孩子，孩子会情绪低落、心情不好地上床睡觉，影响睡眠。在饭桌上批评孩子危害更大，有一些平时见不到孩子的家长往往一端起碗就开始批评、训斥孩子，这影响了孩子吃饭时的情绪。科学早已证明，这样做既不利于消化，影响身体健康，也极易引起孩子的反感情绪。

4. 批评惩罚是一个过程

父母还应注意，认识错误、克服缺点和改正错误都有一个过程，效果不一定是立竿见影的，孩子也不一定在受到批评后马上就能认识到自己的错误，克服自己的缺点。作为孩子，即使他们认识到了自己的缺点，也完全有可能重复自己的行为。行为的反复是不可避免的，特别是对于那些已经形成的坏习惯，不可能指望他们一天就能克服。对孩子的批评应建立在全面了解孩子的基础上，孩子有缺点、错误、过失，并不等于一无是处，有优点、长处应给予肯定，有进步、有变化应及时表扬。有时候，孩子的行为过错并不一定意味着他的出发点是错误的；有时孩子是想做好事，只是因为没有经验、能力不强，办事不稳妥等原因，才出现过失的。在这种情况下，我们首先要肯定孩子的动机和出发点，然后批评其行为上的缺点，这样孩子才会心服口服。同时，要适当运用"惩罚自然后果"的方法，即当孩子犯错误时，不要直接惩罚他，而是让他从错误的后果中接受惩罚和教育。

第六章
不同年龄阶段儿童的家庭教育

21世纪核心素养作为未来公民的蓝图，它的培养贯穿于人的一生，某些素养往往细分为多个水平，跨越多个年龄阶段，相互衔接、连贯地发展。同时，核心素养的形成有一些关键时期，一旦错过就很难弥补。因此，本章根据不同年龄段儿童的身心发展规律，探讨相对应的发展重点及发展策略。

第一节 胎儿期的家庭教育

对于即将步入婚姻殿堂或刚刚步入婚姻殿堂的年轻夫妇来说，他们往往对如何孕育一个健康、聪明、漂亮的宝宝存在很多疑惑。因此，这一阶段的教育内容主要是引导青年夫妇做好优生优育工作，在了解胎儿生长发育规律的基础上，尽量为宝宝的出生做好全面的物质和心理准备。

一、优化胎儿生长环境

优化胎儿的生长环境是保障母婴健康、提高出生人口素质的关键因素。备孕夫妇应做好身体内环境和生活外环境的准备。内环境是指保持健康的身心，做适当的运动，调整生活方式。外环境是指保持居室清爽整洁，尽量使小家庭浪漫温馨，营造和谐轻快的氛围。根据遗传学的要求，避免近亲结婚，杜绝近亲结婚后生育；同时要注意父母生育子女的年龄，不要错过最佳生育年龄；做好孕前检查，选择父母双方都身体健康、处于最佳受孕期的时期怀孕；而且要重视怀孕后的孕期检查和胎教，确保胎儿在母亲子宫内发育良好,并接受良好的教育;最后还要确保婴儿安全,在分娩时不会受到创伤。

怀孕后,孕妈妈要保证有一个舒适安静、空气新鲜的生活环境;要注意科学地增加膳食营养;要慎重用药;避免接触辐射和化学毒物;烟草、酒精、毒品、重金属(苯、汞、铅)等,这些都会对胎儿的发育不利;要注意保持愉快的心境,尽量多听音乐,有选择地阅读书报、电影、杂志,进行自我心理调节;多到公园散步,多接触一些美好的事物,注意少生气,避免惊吓等不良刺激。

二、了解胎儿生长发育规律

头两个月,胎儿(称为"胚芽")已长到约3厘米长,约为4克重。胎儿的头、身体、手和脚都能分辨出来,逐渐形成人形。这一时期的妊娠反应往往会导致准妈妈食欲不振、情绪低落。此时,准爸爸要理解准妈妈的情绪变化,多与她沟通,消除她的心理压力。

三个月大的胎宝宝被称为胎儿,在这一阶段结束时,胎儿的身长约为8厘米,体重约为25克。胎儿的器官开始分化,为特殊功能的发育奠定了基础。胎儿的外生殖器已经发育,并能区分男女。在这个阶段,准妈妈的妊娠反应一般会比较严重,情绪也容易不好。准爸爸要经常表达对准妈妈的爱,好好照顾她。提醒准妈妈养成良好的生活和饮食习惯,并积极参与胎教,为胎儿购买胎教音乐磁带,多与胎儿交流。人体的胚胎期受孕后的前三个月是生长发育最重要的时期,如果孕妇在前三个月受到不良影响(刺激、外伤、感染、药物、营养缺乏等),很容易影响胎儿的正常发育,因此孕妇应加强前三个月的保健。

六个月时,胎儿的身长约为16厘米,体重约为150克。在这个阶段,胎儿的体型逐渐变得匀称。听觉、视觉和味觉进一步发育,胎儿能形成呼吸运动、咳嗽、打嗝、皱眉、眯眼,睡觉时能被外界的声音吵醒,能吸吮拇指,能吞咽身体周围的羊水并通过排尿将羊水排入羊膜腔。胎儿的大脑也已发育成熟,能及时产生与准妈妈一样的喜、怒、哀、乐的情绪。此时,准爸爸应经常陪准妈妈散步或做其他适当的运动,有计划地对胎儿进行循序渐进的胎教。同时,准爸爸也应陪同准妈妈参加产前学习班,了解更多有关怀孕和分娩的知识,并定期进行孕期检查。

胎儿九个月大时,身长约为46厘米,体重约为2500克。他(她)们拥有更加饱满的身体,看起来圆润可爱,胎儿面部、胸部、腹部、手脚的毛发逐渐变浅。虽然胎儿还没有完全发育成熟,但其身体内部器官已经具备完善的功能,即使这个时候早产,他(她)们也已经具备在子宫外生存的能力。他们出生后也能啼哭和吸吮,存活率也会相应提高,能够好好生活。

随着预产期的临近,准妈妈和准爸爸都会或多或少地感到紧张和焦虑。此时,准爸爸应多了解相关知识,规划好自己的工作,尽量不安排出差,与准妈妈一起做好分娩前的准备工作,消除准妈妈的惧怕心理,让准妈妈能够愉悦地面对分娩。

第十个月时，胎儿经过母亲怀胎数月的滋养，已从肉眼看不见的受精卵逐渐发育成成熟的胎儿。此时，胎儿的外观与足月婴儿相似，身长约为52厘米，体重约为3200克。皮肤呈红色，皮下脂肪发育良好，身体丰满。指（趾）甲已超过指（趾）端，脚底皮肤有纹理。颅骨坚硬，耳软骨发育良好、坚硬、有弹性并保持直立。头发粗直而有光泽，长约为3厘米，前额发际线极为清晰。在这个阶段，准爸爸不要出门。准爸爸要经常鼓励准妈妈，给她信心，尽力消除她的紧张和恐惧。准爸爸和准妈妈应共同为宝宝取一个好名字，并与医生讨论决定分娩方式。

在胎儿期，准爸爸和准妈妈要准确、客观地认识胎儿生长发育的规律，根据胎儿在不同生长发育阶段的不同特点，明确各自的分工，有针对性地做好迎接新生儿的准备工作。

三、合理地进行科学胎教

过去，人们认为孩子的生命是从落地开始计算的，但目前大量的科学研究表明，只有几个月大的胎儿，在母亲的子宫里已经成为一个活动的主体，能够感受到内外环境的刺激，也具有一定的学习能力。特别是母亲的情绪，胎儿能够敏感地感受到。因此，对孩子最早的教育应该从胎教开始，这只有家庭教育才能完成。胎教是指通过调节妊娠期母体内外环境，促进胎儿中枢神经系统神经递质和内分泌物质的释放，以及生物化学和生物物理学环境的相互渗透，干预胎儿大脑发育，启迪智力，提高胎儿生活质量，促进胎儿健康发育成长，从而起到教育作用。一般来说，接受过胎教的婴儿比未接受过胎教的婴儿更灵活，发育更迅速。

常见的胎教方法有音乐胎教、语言胎教、抚摸胎教、文学胎教等，一般的胎教方法较为简单也容易掌握实施。从孕16周起，便可以开始进行音乐胎教。音乐胎教一般在胎儿觉醒并活动时进行，每天做1—2次，每次15—20分钟。每天适时适量地对胎儿进行音乐刺激，可促进胎宝宝感觉神经和大脑皮层中枢的发展。孕妈妈在吃完饭之后，可适当躺下来休息，然后听一些舒缓、轻柔、欢快的音乐，放松一下心情，使胎宝宝舒适安宁，心律平稳，这对胎宝宝大脑的发育是个良好的刺激。孕晚期时，宝宝就已经具备了听力功能，可以听到外界的声音，而且对经常听到的声音会有一定的敏感度。因此，准爸妈在孕晚期可以多和宝宝说说话，并告诉他是谁在说话，时间长了，胎宝宝就会在脑子里形成记忆，出生后就会对以前经常听到的声音有印象。还可以对胎儿进行抚摸胎教。孕晚期时，当你把手轻轻地放在肚子上时，会感到胎动，这是胎宝宝对你的接触产生的回应。抚摸宝宝，可以对其大脑产生刺激，使胎儿产生记忆，开发智力。但是，如果经常性、无规律性抚摸宝宝，就会使宝宝胎动频繁，造成脐带绕颈。因此，抚摸胎教也是有方法的。孕妈妈仰卧在床上，身心放松，用手来回抚摸腹部，可一边抚摸，一边与胎儿讲话，让胎宝宝感受到你对他的爱。准爸爸也可以抚摸胎儿，并告诉他是父亲在抚摸。需要注意的是，每天抚摸2—4次就可以了，每次不能超过5分钟。孕妈妈在没事的时候，还可以给胎宝宝讲一些你所看到的事物，描述其大小、颜色、形状、味道等，给宝宝留下印象，开发智力。但是，准妈妈在描述其事物时不要太复杂，简单的就好，比如，苹果、香蕉等。

目前社会上对胎教有一些争议，主要的误解是有些家长认为胎教是培育神童的方法，因而采取过分和不合理的措施，结果适得其反，与倡议胎教的原意背道而驰。因此，正确认识胎教，进行合理科学的胎教，是胎儿期家庭教育的重要组成部分。

第二节　乳婴儿期的家庭教育

孩子出生后的第一个月称为新生儿期，娇弱是新生儿的突出特点，在这一个月中他们非常喜欢安静，大多数时间在睡眠中度过，在休养中积蓄力量来适应崭新的环境。

1个月至1岁的阶段称为乳儿期，是儿童生理发展最迅速的时期，也是心理发展最迅速的时期。1—3岁的阶段称为婴儿期，婴儿的发展速度较乳儿期有所减缓，但仍然较为快速。这个时期家庭教育的主要任务是照顾孩子使其能健康成长。

一、乳儿期的主要身心发展特征

乳儿期是儿童生长发育的第一个高峰期，身高和体重成倍增长，大脑发育比身体其他部分的发育更快，皮质兴奋机能增强，表现为睡眠时间逐渐减少，清醒时间不断增加。乳儿运动的发展遵循从整体运动到分化运动、从上部运动到下部运动、从大肌肉运动到小肌肉运动、从无意运动到有意运动的发展规律。整个乳儿期都是言语发生期，为后面语言的产生和理解做准备。心理开始发生和发展，半岁前乳儿的心理发展突出表现为视觉和听觉的发展。在视觉和听觉发展的基础上，孩子主要通过定向活动来认识世界，他的眼和手变得更加协调，可以区分熟悉的人和不熟悉的人。半岁以后儿童的明显变化是动作比以前灵活了，身体动作迅速发展，手的动作开始形成，语言开始萌芽，依恋关系日益发展，和外界的交往大为增加。

二、婴儿期的主要身心发展特征

婴儿期是指儿童1—3岁这一时期。在这一时期，儿童学会走路，能够使用工具，不仅能够协调手部动作，还能协调全身和四肢的动作。婴儿开始进行基本的生活活动，如自己吃饭、喝水、洗手、穿脱衣服、大小便等，并出现了最初的游戏——模仿性游戏和假装游戏，同时随着延迟模仿能力的发展可以进行观察学习活动。儿童从一岁左右开始进入正式语言学习阶段，两三年后就能掌握自己民族的语言。在生理发展的基础上，由于动作、活动及言语的迅速发展，婴儿心理的各个方面都有重要的发展。儿童的表象思维大约在一岁半至两岁时形成，其特点是即使物体不在儿童眼前，儿童也能在大脑中想象出物体的表象。表象的出现会导致儿童的认知活动发生较大的变化。儿童的记忆不再局限于回忆再次出现的事物，也可以回忆起过去感知过的事物。同时，表象的出现使孩子有可能进行想象，如1岁的婴儿只能胡乱摆弄物品，而2岁左右的婴儿则能拿着物品进行想象活动。此时，儿童的认知过程已从感知发展到思维。此外，2岁左右，婴儿开始展现出一定的独立性，这是婴儿开始产生自我意识的明显表现，这时孩子知道"我"和他人有区别，在语言上逐渐分清"你""我"，在行动上要"自己来"。随着年龄增长，婴儿的自我意识也逐步发展，其自主性获得了一定的发展，自我控制能力逐步增强，并且展现出独特的人格。独立性的出现是儿童心理发展上非常重要的一步，也是人生头2—3年心理发展成熟的集中表现。它表明儿童心理具备了人类的一切特点：直立行走，使用工具，能进行想象和思维，有了自我意识。在人际交往方面，0—1岁主要是建立亲子关系，父母在照料婴儿的过程中，充分的体肤接触、感情表达、行为表现和语言刺激，会对婴幼儿的成长产生深远的影响；1岁以后，随着活动能力、言语能力的发展及活动范围的扩大，儿童开始表现出追求玩伴的愿望，出现一对一的玩伴关系。

三、乳婴儿期的主要家庭教育内容

在人身心发展的基础性阶段，根据身心发展的特点，有针对性地实施家庭教育，会更好地将生育、养育、教育结合起来，尽早培养孩子良好的习惯，开启孩子的心智，锻炼孩子的能力，为孩子的成长和成才创造条件。乳婴儿期的家庭教育可以从以下几个方面进行：

1. 帮助新生儿顺利适应社会生活

对于新生儿期的孩子，父母的教育任务是悉心照料他们，保证他们的睡眠和营养需求，提供良好的卫生保健，使他们尽快适应母体外的生活，进入快速生长发育时期。世界卫生组织在全球范围内推广母乳喂养，母乳喂养不仅是新生儿最理想的营养方式，还能增强婴儿的抗病能力，加强母婴之间的情感联系，促进婴儿的心理健康发展。研究表明，母乳喂养的孩子一般都身体强壮、情绪健康、情感丰富、个性良好。更重要的是，母乳喂养是母子间爱的传递过程，但不正确的母乳喂养习惯会带来负面影响。如果母亲把喂奶当成一项任务来完成，在孩子吃奶的时候想别的事、忙别的事，这不利于孩子的情感发展；如果母亲没有奶水，只能人工喂养孩子，母亲也应该像亲自给孩子喂奶一样，通过抚摸、微笑、声音等方式给予孩子深深的爱，这种行为也能在一定程度上满足孩子的情感需求。

新生儿出生后，重要的是让他们感受到这个世界对他们的关爱，从而培养他们的信任感。新生儿出生后，想吃、想抱、想有人逗他们说话等。父母应及时满足他们的合理需求。美国约翰-霍普金斯大学的马-艾恩斯沃恩的研究表明，对婴儿的哭声做出频繁而迅速的回应,可以使养育者与婴儿之间的关系更加依赖,比采取有意无意忽视婴儿哭声的态度更可取。婴儿的哭声总是在向我们传递一个信息——他们不舒服,需要父母的帮助。如果婴儿的哭声没有引起父母的注意,或者父母对婴儿的哭声置之不理,婴儿就会感到愤怒和不满,同时也会感到沮丧。对婴儿啼哭的及时回应,会让他们对周围的人,尤其是最关心他们的母亲产生一种信任感,认为世界是可靠的,人是可信赖的。这种对人和环境的基本信任感是形成健康人格品质的基础,也是以后所有发展阶段的基础。因此,父母应经常拥抱婴儿,让婴儿对父母产生依恋感,信任父母,信任他人,信任周围的世界,建立亲密的亲子关系。因此,父母要经常拥抱婴儿,让婴儿对父母产生依恋感,信任父母和他人,信任周围的世界,密切亲子关系。但是,父母不能不分原因地抱孩子,当孩子学会坐、爬和走时,应减少对他们的拥抱,通过与他们玩耍,引导他们对玩具和其他事物产生兴趣。父母一方面要与孩子建立安全的依恋关系,另一方面要让孩子接触更多的事物。

2. 发展孩子的感知觉、动作和言语能力

乳婴儿感知觉和运动的发展遵循一定的顺序,并有其自身的年龄特征;感知觉和运动的发展在幼儿早期发展中具有重要地位,它对于扩大幼儿的认识和交往范围,获取外界信息、形成感性认识和个体经验,发展较高的心理能力具有重要意义。孩子出生后,躺在小床上,父母可利用玩具训练发展其感觉和知觉,可以在孩子的床头上方距离胸前 50—70 厘米处悬挂一些色彩鲜艳、能发声且便于移动的玩具,发展孩子的视力和听力。当孩子能坐能爬时,父母可以给他更多的能抓握、能捧住的彩色积木和彩色球,让其感知物体的形状大小和性质。当孩子会独立行走时,给他一辆拖车和装土、沙的小桶,训练其动作并体会自我的力量。父母应为孩子创造一个具有丰富刺激的环境条件,进行适龄训练,开展有趣的游戏,循序渐进地促进孩子感知运动的发展。

1—1.5 岁的婴儿开始能理解言语和说出几个有意义的单词。1.5 岁—2 岁的婴儿能说简单句,开始能和父母交谈生活情节中的一些事件。2—3 岁的婴儿,复合句开始得以发展,在成人的教育指导和帮助下,婴儿已经基本掌握了言语。这时候他们不但能理解成人的简单语言,自己也能够通过言语与成人交往,尤其喜欢向长辈不停地询问。父母对此不应表示厌烦,而应多给孩子言语交往的机会,父母可以借助玩具向婴儿讲述情节丰富的故事,能够从增加语言输入的角度,带领宝宝感知更多的词汇,培养表达性语言的词汇基础。

由于孩子活泼好动,具有好奇和好模仿的特点,家长可以通过游戏促进孩子的身心发展。游戏也是孩子获得知识,发展智力,学习良好道德品质,促进身心健康发展的途径之一。因此,父母应当为孩子创造适宜年龄的游戏环境,提供玩具,鼓励孩子游戏,多和孩子一起玩。

3. 养成孩子良好的生活习惯

此时的孩子生活自理能力差,不少家长漠视从小培养孩子的生活习惯,对孩子过度疼爱，事事包办，这会养成孩子不良的生活习惯。

良好的生活习惯将为孩子的终身发展奠定基础。婴幼儿时期是儿童行为习惯养成的关键时期，我们要培养孩子良好的睡眠习惯、饮食习惯、如厕习惯和洗漱习惯等。如父母要教育孩子从小养成不挑食、不偏食的良好习惯。同时，教会孩子细嚼慢咽、一日三餐、定时就餐等良好的饮食习惯。养成孩子每天定时大便，而且每次大便时间不要过长的习惯。同时，养成饭前、便后认真洗手，定时洗头洗澡等生活习惯。

习惯需要长期地训练和积累，一旦形成就很难改变。成人在训练孩子的习惯时要注意方法和态度。鼓励孩子做力所能及的事，利用婴幼儿喜欢模仿的特点，多采用直接示范的方法，激发孩子的主动性和积极性。当孩子控制不好时，不能责骂和惩罚，要耐心、和蔼地给孩子以帮助，否则，就会给孩子幼小的心灵笼罩上一层焦虑和恐惧的阴影。

4．培养孩子的自主性

随着年龄的增长，婴儿逐渐表现出自我意识，自主性发展到一定程度，自我控制能力逐渐增强。自主性的主要标志是有主见、自信，相信自己的能力，遇事总想依靠自己的能力。自主性是性格的意志特征，是自觉主动性的初步表现，也是意志行为开始发展的主要标志。儿童表现出独立行动的强烈愿望和活动能力。在日常生活中，自主性和任性往往容易混淆。自主性表现为合理的要求，任性表现为不合理的要求，这是自主的一种反常表现。不克服任性，就无法形成真正的自主。

1—3岁是儿童自主需求最强烈的时期，也是儿童任性行为开始显现的时期。父母特别要正确地对待这一时期孩子的逆反心理。由于孩子的独立意识很强，想在心理上"断奶"，所以特别容易产生逆反心理；又由于父母对孩子行为的限制甚至处罚，使孩子的好奇心和求知欲得不到满足，觉得自己得不到父母的尊重，于是就会与父母产生对立情绪和反感心态，无论父母说的是对是错，孩子都拒绝接受，并把与父母对着干作为一种心理安慰，从中获得快感。因此，在孩子的第一个"心理断乳期"，家长要正确教育孩子，帮助孩子顺利度过这个成长的关键期，为孩子良好个性品质的形成奠定基础。

首先，家长要认识到孩子的自立能力是非常可贵的，要保护孩子的自尊心和自信心；要学习一些儿童心理学知识，认真分析孩子行为的原因，以平等的态度与孩子沟通，因势利导；不要禁止孩子做这做那，而是允许孩子做力所能及的事情，鼓励孩子去做，让孩子感受到父母的苦心，而不是完全反对。这样，就可以避免孩子出现逆反心理。其次，家长要严格看管孩子，千万不要让孩子按照自己的性子行事，要坚决纠正孩子的错误行为。这个阶段的孩子很难接受别人的劝阻，当不合理的要求被家长制止时，孩子就会使出浑身解数进行叛逆，这个时候家长千万不要把孩子的坏脾气寄希望于自然消失，一定要坚决禁止和限制孩子的错误行为，千万不能让孩子处处得逞。如果对孩子一味迁就、娇惯、顺从，孩子的不良个性品质就会形成。最后，家长要运用多种方法处理矛盾，提高教育的策略性和艺术性。要知道，孩子在与父母的对抗中，往往会非常紧张,家长可以偶尔对孩子做出一些非原则性的让步,让孩子感受到自身的价值;家长面对矛盾时,可以采用"不理不睬"和"冷处理"的方法,即对孩子的哭、闹、任性、要挟等不予理睬,等他平静下来后再进行教育和引导;家长还可以根据孩子好胜的心理特点,采用"激将法"刺激孩子,缓解矛盾;家长还应多从孩子的言行中发现其闪光点,以此为依据,在日常生活中利用孩子的优点去克服孩子的缺点,培养孩子好奇、好问、爱动脑筋等良好品质和个性。总之,在孩子的第一个"心理断乳期",既能充分发挥他们的独立意识,又能严格规范他们的行为,摒弃他们的不良行为,帮助他们形成良好的个性品质,就引导孩子迈出了跨向社会的坚实的第一步。

第三节 幼儿期的家庭教育

幼儿期是指3—7岁这段时期,也叫学前期。俗话说"三岁看老",掌握这个时期的特点,对幼儿进行因势利导的教育和关注,对孩子后续的成长和发展具有重大意义。

一、幼儿期的主要身心发展特征

幼儿期的身心发展具有以下特征:

(一)幼儿期的身体发育

根据国家制定的《中国七岁以下儿童生长发育参照标准》,0—6岁儿童的身高、体重、头围一直在不断增长,但幼儿的增长速度比婴儿的有所降低。其中幼儿在5—6岁时增长较快,4—5岁和6—7岁相对慢一些。在身体发育的其他方面,幼儿的骨骼比三岁前更坚硬,但骨化过程远未完成,容易变形。因此成人要注意保护,同时引导儿童适当地锻炼。幼儿的大肌肉已有较大发展,他们喜欢做一些跑、跳、投等大肌肉运动作。儿童精细动作技能的发展与大脑、肌肉发展相辅相成,能较灵活地操纵物体。儿童精细动作技能的发展与训练有关,如有的儿童在四五岁学电子琴或钢琴,其手指的灵活性就比一般儿童好,因此,适当促进幼儿小肌肉动作的发展,对幼儿脑的发育具有积极意义。但在训练时成人要注意不要使儿童过度疲劳。

幼儿的脑重继续增加,负责人高级心理活动的中枢——额叶部分,在7岁时已基本成熟,它标志着儿童大脑皮质达到相当的成熟程度,使儿童心理活动的随意性及调节性逐渐加强。幼儿兴奋和抑制过程增强,为幼儿期儿童的活动、学习及人格的发展提供了必要的前提。大脑的发育绝不是一个被动和自发的过程,它是孩子学习、训练和接收各种信号后,主动促进成熟和完善的过程。因此,学龄前儿童的教育和学习对大脑功能的完善具有重要的作用。

（二）幼儿期的心理发展

幼儿心理发展的主要特点是具体形象性和不随意性占主导，抽象逻辑性和随意性初步发展。在幼儿的认识活动中，感知觉仍占优势地位，幼儿主要借助形状、颜色、声音等来认识世界；幼儿注意的目的性进一步发展，但仍然以不随意注意为主；幼儿记忆的容量随着年龄的增长而扩大，不随意记忆是幼儿获取经验的主要途径，幼儿感兴趣、印象鲜明的事物容易被记住，以形象记忆和机械记忆为主，语词记忆和意义记忆开始发展，记忆策略开始萌芽。幼儿的直觉行动思维已经相当熟练，逐渐掌握具体形象思维。

幼儿期是一生中词汇量增加最快的时期，这个阶段的幼儿能初步运用语言同人们交往和学习，到六七岁时一般幼儿能掌握4000个词汇，幼儿已经能掌握各类词，逐渐明确词义并有一定的概括性，基本上掌握了各种语法结构。同时，对周围的事物和人们的活动都有极大的兴趣，表现出活泼好动、好奇好问、好模仿的特点，游戏成为这个阶段儿童的主导活动。5—7岁时幼儿则可以从事绘画、写字、雕塑等活动。此时幼儿的脑结构已经较成熟，可以开始系统地学习知识，这一时期也因此成为一生中智力发展最迅速的时期。这一时期是个性形成的关键时期，幼儿开始形成最初的个性倾向，并会在自己的一生中都保留其痕迹，因而在人的心理发展中具有重要的作用。

从3岁到6岁，是进入小学之前的时期，故称为学前期。从儿童心理发展看1—3岁，高级的心理过程逐渐出现，是各种心理活动发展齐全的时期；而3—6岁，则是心理活动系统的奠基时期，是个性形成的最初阶段。在这3年里，心理发展也较迅速，每年都有新的特点。3—4岁是学前初期，也是幼儿园小班的年龄，这时期的主要特点是：生活范围扩大，认识依靠行动，情绪作用大，爱模仿；4—5岁是学前中期，也是幼儿园中班的年龄，4岁以后心理发展出现较大的飞跃，其发生的质变主要在于认识活动的概括性和行为的有意性明显地开始发展，具体如下：活泼好动，思维具体形象，开始接受任务，开始自己组织游戏；5—6岁是学前晚期，即幼儿园大班的年龄，这时期心理活动概括性和有意性的表现更为明显，具体特点表现为：好问、好学，抽象能力明显萌发，开始掌握认知方法，个性初具雏形。

二、幼儿期的主要家庭教育内容

幼儿期是一个充满创造力与想象力的时期，也是个体各方面快速发展的时期，游戏是这个时期儿童的主要活动形式，幼儿的心理过程中带有明显的形象性和不随意性，幼儿开始形成最初的个性倾向。因此，幼儿期的家庭教育可以从以下几个方面进行：

（一）注重幼儿语言、记忆、思维等能力的培养

注重幼儿语言能力方面的发展。家长应遵循幼儿口语发展特点进行培养。如帮助幼儿掌握丰富的词汇，理解词义，确切地运用词语组成最简明的语句，使孩子能正确、熟练地表达自己的思想。多给儿童语言刺激，丰富幼儿的生活经验，为儿童树立学习语言的榜样。这些都需要家长有意识、有计划、有目的地对儿童进行言语能力的培养。

促进幼儿注意力、记忆力、想象力方面的发展。3岁以前儿童的注意主要是无意注意。即使是三四岁的幼儿，有意注意也只能坚持20—25分钟。五六岁的幼儿开始能有目的地集中注意某些事物，能持续一小时左右，注意的稳定性加强了。家长可以通过组织幼儿的游戏、学习、劳动等活动来培养他们的有意注意。家长要培养幼儿早期学习兴趣和记忆的目的性、自觉积极性，养成儿童及时复习的习惯。家长在培养幼儿的想象能力时，要让幼儿广泛接触、观察、体验生活，以丰富知识，储存信息，促进想象力的发展。

促进幼儿思维能力的发展。四五岁的幼儿开始发展具体形象思维，即借助于具体事物的形象和表象进行思维。6岁的幼儿开始有了逻辑思维的萌芽，即能运用已有的知识经验和语词的概括作用，对客观事物形成比较抽象的概念，概括出事物的本质属性和内在规律。有经验的家长一般通过游戏、学习等活动，引导儿童对事物进行分析、综合、比较、抽象、概括；也可以通过分析讨论童话、寓言和故事的材料，有意识地发展幼儿的思维能力。

（二）注重幼儿健全人格的培养

许多心理学家都注意到幼儿期在儿童人格发展中的独特地位，并提出幼儿期是人格的初步形成期，因为人格在幼儿期具备了基本稳定的特点，因此，这个阶段父母要注重对幼儿健全人格的培养。健全人格也称完美人格，是各种积极人格特征的完美整合。幼儿的健全人格是指在幼儿人格结构中具有普遍性、积极适应性的典型人格特质的健康均衡发展。

幼儿的健全人格发展具有明显的年龄特征，每个人的人格特质的发展速度是不一样的。杨丽珠等人根据年龄特点，提出了幼儿健全人格发展的总目标：幼儿能够具有良好的自我认识，有自信心，积极进取，有独立做事的能力，有主见，喜欢探索，有创造力；乐于与他人交往，喜欢合作，诚实，对他人有礼貌；有同情心，对他人的不幸表现出关心，愿意帮助他人；做事认真负责，有一定的控制力；心境平和，有适度的情绪表达，有良好的情绪适应能力。

幼儿健全人格发展的阶段目标具体如表6-1所示。

表6-1 幼儿健全人格发展的阶段目标

特质	年龄	教育目标
自主进取	小班	喜欢自己的事情自己做,如自己进餐穿脱衣; 愿意通过自己的努力,尝试解决一些简单的生活问题; 能根据自己的兴趣选择游戏
	中班	能主动承担任务,并能独立完成任务,不依赖他人; 能按照自己的想法游戏,在游戏中表现积极
	大班	能够自己做决定,并坚持自己的正确决定; 渴望他人的认可,在各种活动中能积极表现,争取最佳
探索创造	小班	对新奇事物感兴趣,喜欢摆弄或操作; 喜欢提问; 游戏中能进行模仿和想象活动
	中班	对自己感兴趣的事物和现象进行探究,并乐在其中; 经常问各种各样的问题以满足自己的需要; 能探索游戏的不同玩法或进行简单的创作
	大班	喜欢接触新事物并大胆地尝试或探索; 喜欢刨根问底并愿意动手探索解决疑问; 在感兴趣的活动中能进行有意想象和大胆创造,有一定新颖性
认真尽职	小班	能对自己的生活、学习和游戏负责,如将自己的物品摆放整齐,玩完玩具后收拾放好; 喜欢承担一些小任务
	中班	知道要对自己承担的任务负责,并尽力完成任务; 初步产生集体责任心,能积极参加集体活动,喜欢自己所在的班级
	大班	能主动承担任务并认真地完成任务; 讲信用,能对自己的过失自责,愿意承担自己的过失; 愿意为集体做事,有较强的集体荣誉感
自我控制	小班	在外界要求下能遵守规则; 在成人的鼓励下能持续专注于某事
	中班	有规则意识,基本上能自觉遵守规则; 能自觉克服困难并坚持完成自己正在做的事情; 对诱惑有一定的抵抗力,能克制自己的冲动
	大班	能自我约束,在各种活动中能遵守规则; 不易受外界诱惑干扰,能主动控制自己的情感和行动,能长久专注于某项活动

续表

特质	年龄	教育目标
合作交往	小班	喜欢和伙伴在一起，愿意和伙伴一起游戏； 有伙伴发生冲突后，愿意听从劝解，与伙伴继续游戏
	中班	喜欢和同伴一起游戏，有比较固定的玩伴； 会运用轮流交换等简单技巧加入同伴游戏和维持与同伴的关系； 在他人的帮助下，能协调与同伴之间的关系，解决冲突
	大班	能有自己的好朋友，愿意结交新朋友； 能正确运用人际交往技巧发起游戏，喜欢与伙伴合作游戏，游戏中能分工合作； 能独立解决与同伴的矛盾和纠纷
自尊自信	小班	愿意表现自己的能力，能体验到成功的快乐
	中班	能初步认识自己的能力并相信自己的能力
	大班	敢于尝试有挑战性的活动，获得成功后有满足感
诚实礼貌	小班	能在成人的提醒下使用常用的礼貌用语； 不随便拿别人的东西，知道借完东西要归还
	中班	能主动使用礼貌用语对待他人； 知道说谎不好，不故意说谎
	大班	恰当地使用礼貌用语； 尊重他人，不故意打扰他人； 基本不说谎，能主动承认自己的过错
同情助人	小班	在成人的指导下，对他人的不幸与困难有同情、体验和行为； 在要求下愿意与他人分享
	中班	能认识和体验到他人不幸与困难，并有关心体贴的表现； 对大家都喜欢的东西能主动分享
	大班	能对他人的不幸表示同情，并给予力所能及的帮助； 能主动分享自己喜欢的东西
情绪适应	小班	认识几种常见的情绪，在帮助下能逐渐适应变化了的环境，情绪能较快稳定； 有比较强烈的情绪反应时会寻求安慰，不会哭闹不止
	中班	能较快适应变化了的环境，保持情绪平稳； 有不良情绪时，在提醒下能控制住自己的不良情绪，并较快平复
	大班	能很快适应变化了的环境，经常保持愉快的情绪； 知道引起某种情绪的原因，能根据需要调整情绪； 有不良情绪时能适度表达

（三）注重幼儿良好情绪情感的培养

儿童早期的情绪调节能力可以在一定程度上预测儿童未来的社交能力。在三岁以前，儿童受大脑发育的制约，情绪还比较外露，无法有效对自己的情绪进行调节。三到六岁是培养儿童情绪调节能力的重要时期，因为这个时期大脑中杏仁核与前额叶的发育为儿童情绪调节能力的发展奠定了基础。杏仁核是产生情绪、识别情绪和调节情绪的重要脑区，前额叶是控制情绪冲动的重要脑区。这些脑区从两到三岁开始发育，一直持续到六岁达到高峰之后发育速度缓慢。因此，幼儿阶段家长要注重幼儿良好情绪情感的培养。

1. 家长以身作则，保持自身情绪稳定

成人的情绪很容易感染幼儿，因此，家长平时要尽可能保持稳定的情绪，这样不仅可以为儿童树立良好的情绪调节榜样，而且可以营造良好的家庭情绪氛围，让孩子与父母建立起安全型的依恋。

2. 引导幼儿正确认识和理解情绪，提高情绪理解能力

幼儿期儿童已能够对情绪进行识别，且随着年龄的增长，识别的表情和情绪越来越复杂。家长可以引导孩子对复杂情绪进行识别，促进其心理发展。同时，在家庭中适当地表露情绪可以加速幼儿的情绪认知发展。在日常生活中，父母可以通过亲身演示、观察分析等方法帮助孩子对表情和情绪进行命名，如大笑的时候是"开心"、掉眼泪的时候可能是"难过"、皱起眉毛的时候是"苦恼"等。当自身出现情绪问题的时——无论是消极情绪还是积极情绪——有选择地、毫不避讳地与孩子进行沟通，向孩子说明这是什么情绪，伴随着什么样的面部表情和动作，并向孩子解释出现这种情绪的原因，引导孩子理解复杂情绪，提升情绪理解能力。

3. 鼓励孩子表达自身的情感体验，提高情绪表达能力

随着年龄的增长，人们会采用不同的形式表达情绪，一般存在夸大、弱化、平静化、掩饰四种形式，即实际产生的情绪体验与所表达出来的存在一定差距。相关研究证明，4—6岁正是儿童情绪表达规则认知能力发展的关键期。家长应把握时机，多使用情绪词汇和孩子交流，鼓励孩子表达出自己的情绪体验。比如，在孩子生气时，问孩子"你现在是怎么了"，引导孩子说出自己的真实情绪，或是问"你现在是生气了吗"等。同时，激发孩子主动思考引发这样的情绪体验的原因是什么，如"为什么你生气了呀"。父母还应鼓励孩子对他人的情绪发表自己的观点，比如在同伴伤心的时候让孩子主动安慰他，说"不要伤心了"等。父母还需注意，无论孩子表达的是积极情绪还是消极情绪，都应接纳孩子的情绪，并对孩子的情绪表达给予正向积极的回应，使孩子感受到自己被关注和理解。

4. 引导孩子合理排解和宣泄情绪，提高情绪调节能力

在情绪调节方面，训练孩子采用适宜的方法解决问题，有利于孩子的发展。家长应具备一定的情绪调节方式，并帮助孩子对负性情绪进行排解。如当孩子因为生气而大喊大叫或是攻击他人时，家长应引导孩子运用正确的方式宣泄情绪，可以和孩子一起捏面团、画画等发泄心中的郁结；当孩子因处于陌生的情境紧张、退缩时，家长可以教授孩子缓解紧张情绪的方法，帮助孩子适应情境的变化。此外，家长也应做好榜样，孩子易模仿家长的行为，因此在生活中父母应注意自己面对负性情绪时的策略，用自身行动让孩子形成良好的情绪调节策略。

5. 培养孩子互帮互助与同情意识，提高情绪运用能力

共情是指人能设身处地感受和理解他人情绪的能力。培养孩子观点采择和共情的能力可以促进情绪管理能力的发展。家长应及时培养孩子的共情能力，在与孩子的互动中渗透共情教育，如当孩子伤心时父母可以说"我知道你现在很伤心，我也感到很难过"等，亦可提问孩子："小明（孩子的伙伴）现在很伤心，我们一起抱抱他，安慰他一下好吗？"进而提升孩子情绪运用的能力。

（四）合理利用游戏激发孩子潜能

随着大脑功能的逐渐完善，幼儿的认知、言语、情绪情感、社会性等都逐步发展，而游戏则是将这些联系起来的重要桥梁。孩子游戏的过程，就是他们身体、社会性、智慧和创造力等方面成长的过程。通过游戏，幼儿可以更广泛地认识客观世界，丰富知识经验，发展智力。游戏的开展往往伴随着社会交互，幼儿在游戏中与同伴、父母、教师都会发生丰富的互动。幼儿在游戏中需要与他人建立共同目标，需要体验他人的心理活动与情感，也需要习得游戏的规则甚至建立规则，这些都是社会性发展的重要内容。而且，由于游戏对儿童有巨大的吸引力，因此儿童在游戏情境中更能克服困难，完成角色所要完成的任务。马卡连柯对4—7岁幼儿"哨兵持枪姿势"的实验表明，游戏条件下幼儿的坚持性水平更高。所以，3—6岁儿童的重要使命是好好地、尽情地玩耍和运动，能玩出水平、玩出花样才是真本事，才是儿童能力和本性的体现。强迫儿童学习正规教材，就违背了儿童的本性，容易导致儿童心理分裂、言行不一。

（五）重视对幼儿的安全教育

如今，世界各地每天都有关于儿童遭受轻微或严重意外伤害的报道，意外伤害已成为儿童致伤、致残和死亡的头号"杀手"。车祸、坠落、烧伤、溺水和中毒是儿童意外死亡的主要原因。摔伤、烧伤、烫伤、硬物夹伤和宠物咬伤在幼儿日常意外事故中所占比例较高。

幼儿的自我保护意识非常淡薄，自我保护能力相当薄弱。造成幼儿伤害的原因可能是家长缺乏家庭安全知识，安全防范意识不强，较为忽视对孩子的监护和家庭安全教育。同时，对家中可能存在安全隐患的物品和设施，如开水、剪刀、杀虫剂、燃料、电器、阳台、窗户等缺乏管理。家长还应对幼儿的一些危险行为活动，如爬高、奔跑、玩火、游水等加以劝阻、提醒和引导。禁止孩子在有安全隐患的地方玩耍，如家附近的河流和道路。

家长应通过详细、全面的安全教育，让孩子清楚地知道哪些不能做，哪些不能玩、哪些地方不能去，并强调让孩子牢记发生意外时如何求救。通过采取这些预防措施，可以减少甚至避免一些对孩子人身安全的威胁。

（六）帮助孩子建立规则意识

3岁以后，儿童从家庭走向了幼儿园，随着儿童社会交往范围的扩大，他们会接触到更多的规则，开始了最初的社会化过程。另外，随着儿童认知能力的进一步发展，他们对规则的认识更加深刻，生活中儿童看似故意使坏的淘气行为，其实都是在探索规则和边界。因此这是帮助孩子建立规则意识的较佳时期，家长可以从以下三个方面进行。

1. 要遵循一致性原则

家长对孩子进行教育时既要保持前后的一致，又要保持家庭成员的一致。坚持规则的一致性原则有助于强化积极的行为，帮助儿童逐渐内化规则，养成自觉的良好社会行为。

2. 要注意规则不宜过多

过多的规则可能会限制孩子人格的发展，因此，给孩子建立规则不要过多，建立原则性的规则即可。

3. 要多建立正面的规则

对于年幼的孩子来说，在制定规则时过度使用惩罚可能会削弱孩子的安全感，父母在为孩子制定规则时应尽量避免使用负面的责备、威胁和抱怨，比如："你为什么总是在床上吃饭？""如果你再这样，我就……"同时，要以积极和清晰的方式描述规则，让孩子明白什么可以做，而不仅仅是什么不可以做。例如，"你生气时可以打毛绒玩具或枕头，但不能摔妈妈的手机"，而不是"不要扔东西"。

3—6岁儿童需要遵守的基本行为规范如表6-2所示。

表 6-2 3—6岁儿童需要遵守的基本行为规范

3—4岁	4—5岁	5—6岁
1. 在提醒下,能遵守游戏和公共场所的规则 2. 知道不经允许不能拿别人的东西,借别人的东西要归还 3. 在成人提醒下,爱护玩具和其他物品	1. 感受规则的意义,并能基本遵守规则 2. 不私自拿不属于自己的东西 3. 知道说谎是不对的 4. 知道接受了的任务要努力完成 5. 在提醒下能节约粮食、水电等	1. 理解规则的意义,能与同伴协商制定游戏和活动规则 2. 爱惜物品,用别人的东西时也知道爱护 3. 做了错事敢于承认,不说谎 4. 能认真负责地完成自己所接受的任务 5. 爱护身边的环境,注意节约资源

(七) 培养孩子良好的生活习惯

著名教育家叶圣陶先生说:"什么是教育?简单一句话,就是要养成良好的习惯。"3—6岁的儿童可塑性强、爱模仿、爱探索,但自控能力差,是非判断力弱,一旦养成不良的行为习惯,将给他们今后的发展带来无法弥补的遗憾。对于幼儿园的儿童来说,养成良好的生活习惯比学习习惯更重要。因此,家长要提供良好榜样示范,模仿是儿童的天性,可由成人营造情境、提供直观的示范,让儿童学习和观察,这有助于儿童理解规范行为的具体标准,因此,成人要以身作则,做好孩子的榜样,给儿童提供积极正面的示范。同时家长也要学会正确地使用奖励和恰当地使用惩罚。奖励是培养孩子好行为、好习惯的重要手段。当儿童在生活中表现出良好的生活习惯,比如,按时睡觉时,通过给孩子一些奖励,可以帮助孩子继续保持这种良好的习惯。家长在运用奖励时要注意几点,一是奖励要及时,二是奖励要具体,三是给予奖励时不应只看结果,还要看过程。惩罚是与奖励相对应的,惩罚是改变孩子坏行为、坏习惯,培养孩子好行为、好习惯的重要手段。家长在使用惩罚时需要注意一定的技巧。又如,惩罚要坚决,惩罚不是简单的打骂或者挖苦讽刺,惩罚时要告诉孩子错在哪里,惩罚要与奖励相结合等。

3—6岁儿童需要具有的良好生活与卫生习惯如表6-3所示。

表 6-3 3—6岁儿童需要具有的良好生活与卫生习惯

3—4岁	4—5岁	5—6岁
1. 在提醒下按时睡觉和起床,并能坚持午睡 2. 喜欢参加体育活动 3. 在引导下不偏食、挑食,喜欢吃瓜果蔬菜等新鲜食品 4. 愿意用白开水,不贪喝饮料 5. 不用脏手揉眼睛,连续看电视等不超过15分钟 6. 在提醒下每天早晚刷牙,饭前便后洗手	1. 每天按时睡觉和起床,并能坚持午睡 2. 喜欢参加体育活动 3. 不偏食、挑食,不暴饮暴食,喜欢吃瓜果蔬菜等新鲜食品 4. 常喝白开水,不贪喝饮料 5. 知道保护眼睛,不在光线过强或过暗的地方看书,连续看电视等不超过20分钟 6. 每天早晚刷牙,饭前便后洗手,方法基本正确	1. 养成每天按时睡觉和起床的习惯 2. 能主动参加体育活动 3. 吃东西时细嚼慢咽 4. 主动饮用白开水,不贪喝饮料 5. 主动保护眼睛,不在光线过强或过暗的地方看书,连续看电视等不超过30分钟 6. 每天早晚主动刷牙,饭前便后主动洗手,方法正确

第四节 童年期的家庭教育

童年期（childhood）指个体从六七岁到十一二岁的时期，相当于小学阶段。童年期儿童身体在继续增长，进入学校以后主导活动起了根本变化，促使儿童在心理方面发生质的变化。

一、童年期的主要身心发展特征

童年期的身心发展具有以下特征：

（一）童年期的身体发育

童年期孩子的身体发育进入了一个相对平稳的阶段。身材的变化不如以前那么明显，体重增加比身高增加显著。骨骼比幼儿时变得更坚固，胶质较多，富有弹性，因而骨骼比较容易变形、脱臼，但不易骨折。腕骨正处于发展的关键期。虽然生长速度减慢，但长骨比附着在其上的肌肉要长得快些，所以很多儿童会感觉到"生长疼痛"。肌肉大小和力量都在逐渐增加，但肌肉纤维比较细，容易疲劳。心、肺重量和容量继续增长，循环和呼吸系统功能进一步完善，但儿童的血管发展速度大于心脏的发展速度，血液循环量较大，新陈代谢快。家长应该注意不要让孩子做过于激烈的体力活动，若体育活动时间过长或劳动量过大，容易使孩子的心肌疲劳。如果这种疲劳现象长期得不到消除，就可能导致心脏机能方面的疾病。

这个阶段儿童的脑重量在持续增加，并逐步接近成人的水平（成人脑重平均为1400克）。脑的重量由6～7岁的1280克到9岁时增到1350克，12岁时达到1400克，和成人一样。随着大脑机能完善，神经活动的兴奋和抑制过程得到增强并逐渐趋于平衡，觉醒时间延长，睡眠时间缩短（儿童平均每天需要的睡眠时间：7岁为11小时，10岁为10小时，12岁为9—10小时）。因此，这个时期足够的睡眠对儿童的顺利成长非常必要。由于神经活动的抑制功能发展更好，使儿童能更细致地综合分析外界事物和调节控制自身行为，大脑皮层的成熟奠定了儿童记忆、思维等高级心理活动的基础。

儿童的精细动作技能和运动技能也逐渐发展。从7岁开始，儿童的书写能力越来越强，表现为每个字的间隔、大小越来越均匀。而且，随着孩子运动技能的发展，这个阶段的孩子已经具备一些竞技体育的技能，还可能在一些项目上表现出一定的特长。此时的孩子参加竞技项目父母需要注意的是：孩子是否会在竞技比赛中身心受到挫折，孩子是否真正喜欢此项运动，他们能否从中获得愉快的体验。

(二) 童年期的心理发展

童年期儿童各种感官的感受性发展很快，视敏度增强，辨别音调的能力提高，运动的精确性逐渐发展，空间知觉和时间能力也有长足的进步，具备了一定的观察事物的能力。但感知能力还不够完善，观察事物往往比较笼统概括，容易忽视事物的细节。随着年龄增长，儿童的注意、记忆、语言、思维得到迅速发展，与幼儿期相比有了质的变化。童年期儿童的有意注意逐步发展，无意注意仍起着很大的作用，注意力由不集中、不稳定向集中、持久的方向发展。记忆特点由无意识记、机械识记、具体形象向有意识记、意义识记、词的抽象识记发展。言语发展由口头言语向书面语言过渡，小学四年级（9—10岁）以后，他们的书面语言水平逐步超过口头言语水平，阅读能力也由朗读向默读发展。思维正处于具体形象思维向抽象逻辑思维的过渡阶段，儿童已具有抽象概括和进行逻辑思维推理的能力，但不能离开具体事物进行。这一阶段儿童的理解能力在精确性、复杂性和适应性上都会得到稳步而全面的发展。理解能力发展的一个良好标志就是对一个故事、一个过程能够按照自己的理解加以总结概括。想象是思维的一种特殊形式，常以形象为特征，随着年龄增长，在再造想象基础上，创造想象日益增加。这种创造想象是创造发明的前奏，要善于培养。童年期儿童思维的自觉性较差，而且缺乏思维的批判性和灵活性，随着年龄的增长、知识经验的扩大，特别是在教育的要求下，思维的惰性逐渐减少。

童年期儿童的情绪、情感从外露性向内倾性转化，内容不断丰富，深刻性不断增加，可控性和稳定性也逐渐增强，自我调节的策略更加多样和复杂，但总体调控能力相对较低。小学三年级（8—9岁）是情感发展变化的转折点，他们的情感调控能力有较大提高。随着儿童情感生活的不断丰富，他们的道德感、理智感、友谊感、责任感、审美感、集体荣誉感也有了进一步的发展。小学阶段儿童意志的主动性和独立性逐渐发展起来，到了小学中、高年级，儿童能自觉地完成教师布置的作业，主动地去完成分配给自己的任务。但童年期儿童的果断性较差，容易三心二意，犹疑不决或者不会深思熟虑，常轻易作出决定。童年初期儿童在学习和工作中缺乏坚持和自制力，特别在遇到困难时表现尤为明显，到了中、高年级这两种品质有所提高。总的来讲，童年期儿童的各种意志品质还是比较差的，童年期是培养发展儿童意志品质的重要时期。在人际关系发展方面，儿童与成人的关系从依赖走向自主，从对成人权威的完全信服到开始批判性地怀疑和思考，对同伴交往的需求和重视渐渐超过了与父母交往的需要，对同伴的选择有自己的标准，同伴关系、同伴友谊在其心理发展中起着越来越重要的作用。这个阶段他们最重要的情感需要就是发展良好的同伴关系，建立友谊。

二、童年期的主要家庭教育内容

童年期是儿童进入学校，开始以学习为主导的时期。童年期主要有三个特征，学习成为主导活动，掌握书面语言并向抽象逻辑思维过渡，开始有意识地参加集体活动。

因此，童年期的家庭教育可以从以下几个方面进行：

(一) 帮助儿童做好入学适应

幼儿园和小学生活的差异，以及这个年龄阶段儿童特有的心理发展特点，会带来一些入学适应的问题。比如在刚刚入学时，由于受到注意力、记忆力等认知能力发展的限制，一年级孩子在适应课堂学习、学校学习方面会存在一些困难，他们可能没有办法保持长时间集中注意力听讲，也可能学得快、忘得快。通常，家长更关注的是孩子学习上的适应。比如是否能够认真上课，完成老师布置的作业等。实际上，孩子的入学适应除了学习适应之外，还应该包括其他方面，比如行为适应、情绪适应、人际适应和对学校的态度。要做好孩子的入学适应，家长首先帮助孩子建立对学校的积极期待，入学前可以多跟孩子介绍上小学的好处，让孩子产生对上小学的积极期待。入学后可以和孩子一起寻找学校中开心的事情，让孩子喜欢上学。其次，帮助孩子建立良好的人际关系。上小学的儿童已经具备一定的表达能力，家长需要鼓励孩子多说、敢说，积极参与学校活动，与同伴和教师建立良好的关系。最后，帮助孩子做好入学前的准备。入学准备包括带孩子提前熟悉校园环境，帮孩子准备学习用品，培养孩子上小学需要的各项能力等。

小学生入学适应的指标具体如表6-4所示。

表6-4 小学生入学适应的指标

入学适应的指标	指标的含义	适应良好的表现
学习适应	孩子自我调整以达到学习要求，如适应老师语言表达方式、课堂节奏。其中常用的指标是学习成绩，即成绩的进步幅度	在学校能安心学习，在课堂上能认真听讲，能独立按时按要求完成作业，对学习有关的活动感兴趣，能做好学习准备，如课前准备。能掌握需要掌握的知识
行为适应	孩子在学校是否有积极的社会行为，是否有行为问题	在学校表现出一些积极的社会行为，如合作、助人、分享。没有或极少出现问题行为，如打架、破坏纪律
情绪适应	孩子对学校相关的主观情绪体验，如愉悦、满意、焦虑、孤独、无助等	在学校或谈及学校相关的事物时，大多数时候的情绪体验是积极的，如高兴、开心，而非沉默、不满
人际适应	孩子在学校与老师和同学的关系是否和睦亲密	与老师有积极的互动，喜欢老师，有能玩在一起的同学
对学校的态度	孩子对学校的态度是喜爱还是逃避	认为上学很有趣，喜欢参加班级、学校的活动等

(二) 培养儿童良好的学习习惯，正确对待孩子的学习成绩

童年期的儿童从幼儿园到小学，学习成为他们的主导活动，这是儿童成长中的一

个重要转折，因此，这个阶段的主要任务是激发学习兴趣，培养学习态度，掌握学习方法，培养良好的学习习惯。良好的学习习惯不仅对孩子学习有直接的帮助，使其学习活动更自觉、更轻松，而且对孩子形成良好的生活习惯和未来的良好工作习惯都有奠基作用。习惯的养成是一个渐进的、缓慢的过程，需要家长持之以恒地关心和督促。家长可以从以下几个方面进行培养：

1. 为孩子创造良好的学习条件，保证儿童正常顺利地学习

孩子进入小学后，生活方式和活动内容发生了很大的变化。因此，父母首先应为孩子重新安排适应小学生活的作息制度。孩子由原来适应幼儿园的生活习惯，改变成适应小学的生活习惯。在调整作息制度时，要考虑几个问题：如何保证孩子按时到校；如何提高孩子的学习效率，有时间学习更多的知识和技能；如何保证孩子在课余时间还可以玩耍和娱乐，保持快乐的心情；如何保证孩子有一个健康的身体，能够长期坚持学习。要处理好以上几个问题，在调整与执行作息制度时，应重点掌握好以下两个环节：①保证小学生有充足的睡眠时间，合理规定并严格执行睡眠时间。充足的睡眠对小学生的生长发育和学习非常重要，因此一定要保证孩子的睡眠时间。②安排好小学儿童课外作业的时间。每个家庭应根据自己的具体情况，固定一个比较合适的时间，以保证儿童每天按时完成作业，使学习成绩稳步提高。③每天适当地进行游戏和文娱活动。游戏和文娱同样是学龄儿童不可缺少的活动方式，父母不应干扰和剥夺他们这方面的权利。看电视可使儿童增长知识，扩大见闻，儿童认真完成作业之后，以不影响睡眠为前提，晚上适当地看一看符合儿童年龄特点、有教育意义的电视节目，对他们的学习能起到积极的促进作用，对此父母不应消极限制，而应积极引导。但注意这个过程一定要按照父母和儿童共同商量好的规定办事，要让孩子在既看电视又不影响学习和睡眠的过程中，逐步培养自我控制能力。自我控制能力是儿童形成良好的学习习惯所不可缺少的意志品质。

其次，应为孩子安排符合科学要求的学习空间。这是培养孩子良好学习习惯的前提，是促进儿童自主和自我控制能力发展不可缺少的条件，更是保护儿童视力的重要措施。研究证明，人们接收到的大量外界信息，90%以上是从视觉通道输入的。小学儿童要接受大量的文字，文字是抽象的符号，视觉中枢需付出极大的努力。另外，儿童要完成许多书面作业，用手写字的时间迅速增加。因此，父母为儿童安排科学的学习空间时需要细致考虑：

第一，光线充足，柔和的光线来自左前方。

第二，桌椅比例合适，儿童写字时，应上身挺直，胳膊肘能合适地平放在桌面上。

第三，书写姿势正确，书写时应做到"三个一"，即身体和桌子的距离一拳，书本与眼睛的距离一尺，手指握笔与笔尖的距离一寸。

对儿童的要求，父母在孩子入学的第一天就要明确提出，并不断提醒，直至孩子养成习惯。

2. 激发孩子的学习兴趣

兴趣是学习的基础，是掌握知识、培养能力的起点，是引起孩子学习主动性的重要因素。对这一时期的孩子来说，浓厚的学习兴趣比掌握更多一点的知识具有更为重要的意义。孩子的学习积极性往往以自己学习的兴趣为主，尤其是年龄小的低年级孩子表现得更为明显。孩子一旦失去学习兴趣，以后的学习将会变得困难和枯燥，必将影响学习任务的完成。

学习兴趣并非先天有之，而是在后天的生活环境中，在需要的基础上培养。每个儿童的兴趣不完全相同，有个体差异，但一般来说儿童有共同的年龄特征：

第一，最初对学习过程、对学习的外部活动更感兴趣，以后逐渐对学习的内容，对需要独立思考的学习作业更感兴趣。初入学的儿童最感兴趣的是各种学习过程或学习活动本身，例如，他们一会儿识字，一会儿计算，一会儿写字。从中年级开始由于教材内容更加复杂，教师的要求更高，因此儿童学习兴趣的独立性和创造性就会逐渐发展。

第二，在整个小学时期，儿童的学习兴趣最初是不分化的，在教育影响下，才逐渐产生对不同学科内容的初步分化。初入学的儿童，学习兴趣没有被选择和分化，他们对读写算都同样感兴趣。就算他们出现学习兴趣的差异，也是由于对相应科目学得好或不好引起的。从中年级起，随着儿童知识能力的发展，特别是由于教师的教学影响，对学科本身的初步分化兴趣才逐渐产生。约从中高年级起，儿童才开始对一些能提供新事实、新知识的学科或教材内容表现出一定的选择性兴趣。

第三，在整个小学时期，儿童对有关具体事实和经验的知识较有兴趣，对有关抽象因果关系的知识兴趣在逐步发展。低年级，甚至中年级儿童最感兴趣的是具体的事实和实际活动，例如，阅读故事小说，从事技术活动、体育活动等。在教学的影响下，从中年级特别是高年级开始，儿童对事物的规律性知识的兴趣也逐步发展起来。

第四，在整个小学时期，游戏因素在低年级儿童的学习兴趣上起着一定的作用，而在中年级以后，这种作用就逐渐减弱。儿童进入小学以后，游戏不再是主导活动。游戏的作用主要是为教育和教学工作服务，在低年级利用游戏来辅助教学，对儿童学习积极性的提高有很大帮助，但不能过多地运用游戏，过多运用游戏反而会引起儿童的厌烦。

第五，在阅读兴趣方面，一般是从课内阅读发展到课外阅读，从童话故事发展到文艺作品和通俗科学读物。初入学的儿童首先发展的是课内阅读兴趣，然后才是课外阅读的兴趣。在读物内容上，低年级儿童喜欢童话故事，但他们已经比较明确地知道童话的虚构性，能够用浪漫主义的态度来阅读童话作品。从中年级开始，儿童开始对描写英雄人物的、带有惊险情节的读物感兴趣。在正确的引导下，他们也开始对通俗科学读物感兴趣。教师和父母要关心和指导儿童的课外阅读，为儿童选择良好的、易理解的读物。特别要注意的是，儿童对于读物中的人物有模仿的倾向，因此，教师和父母要指导儿童学习积极的人物和行为。

综上所述，家长必须结合不同年龄的情况，保护与培养孩子的学习兴趣，启发孩子的学习兴趣。鼓励孩子提问和质疑，保护孩子的学习积极性，要尊重孩子的好奇心，对于孩子提出的各种"是什么""为什么"的问题应给予积极回答，或引导孩子查阅资料，深入观察，共同解决问题。

3. 帮助孩子掌握一些具体实用的学习技巧

学习策略的类型很多，家长可以根据孩子的自身特点选择一些适合的学习技巧，例如如何预习，如何复习，如何使用学习卡片，如何使用学习资源，如何制订学习目标、计划，如何建立学习与生活的联系，如何通过同伴合作来学习等。

4. 启发孩子学会独立思考

孩子每天学习、写作业遇到难题是常见的事，给孩子一点时间，让他独立思考，这正是家长训练孩子思维、培养孩子独立思考能力的时机。初入学的儿童还不善于进行真正的学习活动，因此此阶段教育的重点在于使学习变成儿童的独立活动。家长要相信孩子有自觉的独立学习的能力，父母尽量不陪孩子学习，不代替孩子做作业或代为检查作业，要鼓励孩子独立学习、独立解决问题。有的父母用大量时间和精力辅导孩子，企图拔苗助长却事与愿违，父母辅导孩子越多越具体，不但不能提高儿童的学习成绩，反而会助长其依赖性，离开父母的辅导，孩子会感到恐慌，不知所措，学习效果适得其反。实际上，这些都是在儿童独立思考和自由活动方面设置阻碍，不利于儿童独立学习能力的形成，其导致的后果：一是儿童完全接受父母的控制，盲目顺从，从而失去独立的人格，变成缺乏创造开拓精神的人；二是儿童不接受控制，与家庭发生矛盾，逐渐远离父母，形成不良人格。

5. 正确对待孩子的学习成绩

父母对孩子的学习恰如其分地关心和赞扬，或根据孩子的具体情况提出稍高的但又是孩子经过努力能够达到的要求，会极大鼓舞和激励儿童学习的兴趣和求知欲望以及探索精神。

父母必须正确对待孩子的学习，了解他们的学习方法。小学生的学习成绩会出现两种情况：一种是比较容易取得好成绩，另一种是比较难取得满分或高分，因为他们总是犯错误。面对以上两种情况，家长必须具体分析，对症下药。对学习成绩好的孩子要进一步了解他学习的特点和方法。如果儿童单靠死记硬背获得好分数，父母则应引导他们理解教材，在理解的基础上，促使他们发展意义记忆和逻辑思维。对成绩不理想的儿童，父母要保持冷静的态度，是运用知识不熟练、思维不灵活、空间方位知觉不精确，还是粗心大意，或是敷衍了事，父母必须细致了解，然后针对不同情况，因势利导，避免在孩子之间做过多的比较。总之，父母既要重视孩子的学习成绩，又不要只着眼于高分数，要重在发展，哪怕他今天的学习成绩比昨天只提高了一分，也要为他鼓掌，他就会为明天的进步而再接再厉；如果他今天的学习成绩比昨天降低了三五分，家长也不必大惊小怪，大加指责，这种学习的起伏波动对他们来说是很正常的。这时家长应指导性地说："孩子，只要你认为已经尽到了自己最大的努力，爸爸（妈妈）就会为你获得的这个成绩感到高兴，爸爸（妈妈）相信你今后会付出更大的努力，取得更好的成绩，你不会让我失望的。"这比把孩子打骂一顿的效果好得多。

（三）帮助孩子处理好人际关系

学龄儿童的家庭教育中最重要的工作之一就是帮助孩子适应学校生活，不仅在功课方面，更包括人际关系方面。小学阶段是开始建立同伴团体的时期，发展良好的同伴关系、建立友谊对他们来说非常重要。每个孩子都需要友谊，也需要在集体中能够被接纳，能够融入集体，在集体中获得归属感，这种归属感的获得对于孩子愿意去上学，觉得上学并不是一件非常有压力的事情非常有意义。正是因为孩子在集体当中有归属感，他才乐于每天去上学，甚至克服困难去上学，但是融入集体有困难的孩子，经常会感到自己被同伴拒绝，而不是被同伴接纳，他就会经常感觉到孤独不安，甚至不愿意去学校。因此，父母应该像关心孩子的学业一样关心孩子与同学朋友的交往，因为这往往影响着他们长大之后为人处世的个性和方法。为此，家长可以从以下五方面来了解并且帮助孩子。

1. 了解孩子在学校班级中的人际关系

有针对性地加以引导和帮助改善孩子与同学相处的状况。如果孩子不受欢迎并被同学孤立，那么父母首先应该给予高度的重视，并冷静客观地帮助孩子分析原因，有针对性地寻找解决问题的办法。父母还应从自身行为、交往方式中分析原因，有意识地在以后的家庭教育中加以改进。

2. 了解孩子所在的同伴群体

委婉地指出孩子的同伴中哪些是优点值得学习，哪些是缺点应该加以改正，从而增强他们辨别是非的能力，有选择地接受同伴对他自身的影响，并能通过自己的思想和行为去帮助有不好行为习惯的同伴。

3. 帮助孩子正确处理交往中的一些问题

比如，使孩子正确对待同伴之间的嫉妒心理，正确对待别人的责难和批评等。父母在遇到孩子抱怨此类事情时，应当先详细了解实情，再客观地教导孩子该如何去正确看待冲突，并培养孩子独立解决矛盾冲突的能力。

4. 鼓励孩子扩大同伴交往范围

父母应鼓励并创造机会尽量让孩子去结交来自不同家庭、具有不同性格、拥有不同爱好的朋友；尽量帮助孩子去理解别人与自己不同的想法和行为，与人达到更广意义上的团结和合作，了解与他人友好团结相处的重要性。在这一方面，家长可以多和孩子的老师交换意见，配合班级活动来进行。

5. 培养孩子的同伴关系相处能力

在集体同伴关系中，家长需要重视培养孩子的参与能力，帮助孩子积极参与集体的活动，并且在小组活动中，孩子能够很好地向其他孩子表达自己的观点，当别人不赞同自己的观点时，他能够去争取，或者是解释，或者是能够进一步沟通等。另外，孩子在集体中需要获得支持的能力，孩子遇到困难时能够得到身边同学的帮助。孩子在集体当中所需要的能力逐渐得到提升，会使孩子在同伴关系中获得更积极的影响，孩子对自己的评价也会逐渐升高，觉得自己在班级里是一个受欢迎的人，有能力去参与集体活动。要重视孩子自我情绪调节的能力，孩子自我调节能力比较低的话，在和同伴相处的时候，会更加容易不开心，更加容易情绪低落，或者是烦躁。相反，他会比较积极地去想办法解决矛盾，或者是回避伤害，或者是避免冲突，直面问题而不是逃避。让孩子学习到自我调控情绪的能力，获得更多的积极情绪；拥有更多的同理心，这样孩子更容易得到同伴的接纳。

（四）重视在生活实践中帮助孩子养成良好的意志品质

新的学习生活对儿童意志品质提出了要求，也提供了锻炼的机会，童年期是培养发展儿童意志品质的重要时期。良好的意志品质不是与生俱来的，而是在儿童的实践活动和克服困难的过程中逐渐形成的。《发展心理学》一书中写道："良好的意志应该具有四个特征：意志的自觉性、意志的果断性、意志的坚持性、意志的自制性。"那么，父母就可以从这四个方面来培养孩子的意志力。

1. 培养意志的自觉性

许多的父母总是在孩子放学回家后就开始抱怨："一回来就知道玩手机，都不知道看书写作业。""作业做了这么一会儿就又开始玩手机，真是不自觉！""作业本扔得到处都是，都不知道收拾一下。"

当我们希望提高孩子的自觉性时，我们需要提到心理学的一个概念，即"自我意识"。自我意识简单来说就是能恰当地认识自己的思想，控制自己的行为。当一个人能够对自己的思维、情感、意志等有全面的认识时，那他就有更多的可能进行自我监督、自我调节和自我控制，也就是我们所说的具有自觉性了。年纪尚小的孩子听不懂"人生只有一次，要珍惜时间"这些大道理。自律自觉其实是痛苦的，而小孩儿想要的只有快乐。孩子的行动自觉性比较差，而且任性、执拗，依靠父母的监督，所以必须培养孩子的独立自主能力，逐步地从父母的监督过渡到自我检查监督。

在提升孩子自觉性的过程中，父母需要树立奖惩的规则，在孩子坚持了某件事、完成了某件事的时候，多鼓励和夸奖，让孩子产生成就感，才能让他有下一次也做好的信心和动力。孩子的自觉性不是天生而来的，这是一个需要长期培养和锻炼的过程。在培养孩子自觉性的道路上，父母的陪伴和支持尤为重要。

家长可以先由规则约束开始，通过不断强化，先让孩子把规则内化为低程度的自觉，等到孩子具有一定的自我意识时，再要求孩子执行真正意义上的"自觉性"。

2. 培养意志的果断性

意志的果断性是指迅速地、不失时机地采取决定的能力。父母培养孩子意志的果断性，最直接的就是父母给出足够的空间让孩子直接参与决定，在保证安全的前提下放手让孩子做出决定。例如，孩子可以在父母告知安排且保障安全的情况下自己决定今天去哪里玩？玩什么？怎么去？自己决定今天穿什么衣服等。父母需要及时鼓励孩子果断做出决定，不管所做决定是对是错，只要不危及健康和安全，就按照决定做下去，错了不后悔，对了继续做。

父母不要为了避免孩子犯错，就直接代替孩子做决定。不剥夺孩子自主选择的机会和成长的权利，才能帮助孩子通过自主做出决定来培养意志的果断性。

3. 培养意志的坚持性

科学家钱学森先生说过："不要失去信心，只要坚持不懈，就终会有成果的。"现在家庭生活条件好了，孩子很少吃苦，心浮气躁，做事缺乏毅力，不能持久，常常半途而废。看到别人跳舞吵着要去，结果练了几次就因为辛苦再也不去跳了；看到别人玩溜冰鞋感觉好玩，摔了几跤，就再也不穿溜冰鞋了。

任何事都需要坚持，孩子的坚持，对孩子以后的学习和生活都有很大的促进作用。意志薄弱是当前孩子普遍存在的问题。那么，如何培养孩子意志的坚持性呢？首先，让孩子独立活动。比如，多走路、少坐车，让孩子自己背包，自己穿衣服，自己收拾玩具等。其次，让孩子做家务。通过做家务，让孩子意识到自己的家庭责任。最后，让孩子参加一些体育运动。又如，球类、田径类，在运动中锻炼孩子的坚持性和忍耐力。

4. 培养意志的自制性

家长要经常鼓励孩子，和孩子进行推心置腹的谈话，让孩子知道父母一直在关心和关注着成长，让孩子有做事情的热情。如果父母不关心孩子在努力做什么，容易让孩子感到失望，日常做什么都容易放弃。首先，给孩子制定一定的规矩。在孩子小的时候，父母就应该及时给他们制定一定的规矩，避免陷入难以改变的情况。聪明的父母，大多会懂得和孩子一起制定规矩，温柔且坚定地执行，逐渐让孩子把"他律"转化为"自律"。比如，可以明确告诉孩子哪些事情可以做，哪些事情不可以做，会造成哪些跟他有关的后果。其次，给孩子树立一定的榜样。想要一个孩子能有良好的自律性，那父母最好自己能够给他们树立一定的榜样，用自己的自律引导孩子养成自律的习惯。或许多数孩子并不会只听你说大道理而做出改变，但会受到父母行为的影响，有样学样，从而改变。最后，从孩子的兴趣点入手。选择一件孩子感兴趣的事情，让孩子坚持下去，即使孩子没有经验，但只要有兴趣，就应尽量让孩子接触新事物，并从中学会如何控制自制力，逐渐养成坚持做一件事的习惯。

需要提醒大家，千万不要一上来就培养孩子在学习上的意志力。因为对孩子来讲学习其实没有那么快乐，一定要先从兴趣开始培养，让他觉得这件事能够给他带来充分的快乐感、体验感、成就感，而不是从他最不愿意的那件事情上开始锻炼意志力。

（五）培养孩子良好的品德习惯

良好的品德习惯是每个人一生的财富。儿童的可塑性极强，童年期是培养孩子道德品质的最佳时期，因而父母要重视童年期儿童的品德习惯的培养。"良好的品德习惯表现在诚实、守信、尊重他人等方面，父母要以身作则，更要在日常生活中随时进行品德教育，帮助儿童形成良好的品德习惯。"

然而，现在许多家长过于关心孩子的智力发展和学习成绩，不重视儿童的道德品质教育，导致有些小学生道德意识不强，诚信品质缺失。具体表现为言行不一，在学校与在家表现不一，成了典型的"两面派"；有的表现为犯了错误不肯承认；还有的表现为随便答应别人的事情，事后难以兑现。当发现儿童有不良道德品行时，父母应当给予充分的重视并采取正确的方法帮助其改正错误。另外，父母还应当以身作则，为孩子树立良好的德行榜样。

第五节　青少年期的家庭教育

青少年期是童年向成年过渡的时期，由少年期（十一二岁至十四五岁的初中阶段）和青年初期（十四五岁至十七八岁的高中阶段）组成。在这一时期，青少年在生理和心理上都产生了巨大的变化，而青春期是个体身体发展的鼎盛时期及性成熟时期。由于此阶段身心发展不平衡，青少年面临种种心理危机，出现一些心理及行为问题。因此，这个阶段特别需要家长的理解和支持、关心和指导，才能更好地帮助他们顺利度过人生中这段不平凡的时期。

一、青少年期的主要身心发展特征

青少年期的身心发展具有以下特征：

（一）青少年期主要生理发育特征

青少年正处于青春发育期，是儿童生长发育的第二个高峰期。在这一时期，儿童的身体和生理机能会发生快速变化，身体发育的第一个显著特点是身高和体重激增，平均身高增加 6 厘米，体重增加约为 4 千克。女孩比男孩早发育 1—2 年，但男孩比女孩长得更多。他们身体的内部功能也大大增强，主要表现为心肺功能逐渐成熟。但是，青春期身体各系统、各器官的生长发育很不平衡，骨骼生长快于肌肉生长，四肢生长快于躯干生长，所以青春期的孩子往往形如"绿豆芽"，肩窄、胸平、腿长。心脏的发育跟不上血管的生长，跟不上各器官系统的生长，所以青少年容易出现因心脏活动受阻引起头晕、心痛、心跳加速、血压升高、易疲劳等现象。另外，神经系统的运动调节能力往往落后于身体的快速生长，所以原本较为协调的动作到了少年时期反而显得不协调。

青春期身体发育的第二个显著特点是第二性征的出现和性成熟的开始。所谓第二性征，是指男女两性特有的身体方面的变化，如性器官的发育、遗精和月经，声音的变化，男女体形的发育等。身高和体重的陡增以及性成熟对青少年"成人感"和"独立感"的出现、对异性的兴趣以及新的情感体验的发展有着重要影响。

在经历了前面几个连续发展的阶段后，青年初期的儿童在身体发育方面已趋于成熟。他们的身高、体重和胸围与成人相似。由于性激素对脑垂体的抑制作用，身高和体重的发育减慢。性功能基本成熟，生殖器官逐渐发育完善。青年男女的体型有明显的差异。由于男孩在青春期的发育比女孩晚1—2年，因此男孩在青年初期的生长发育比女孩大，女孩的生长发育在这一时期基本稳定。

(二) 青少年期心理发展的主要特点

人的心理发展与生理发展是密切联系的。在人一生的大部分时间里，心理发展与生理发展的速度是相互协调的，因而使个体的身心处于一种平衡、和谐的状态。青少年期作为个体发展的过渡时期，生理、认知和社会性方面均产生了巨大的变化，使得其心理发展表现出一些与其他阶段不同的特点，这些特点又集中体现在青春期。青春期是人类个体生命全程中一个极为特殊的阶段，这个阶段的个体生理发育十分迅速，在2—3年内就能完成身体各方面的生长发育任务并达到成熟水平，但其心理发展的速度则相对缓慢，心理发展水平尚处于从幼稚向成熟发展的过渡时期。这样，青春期个体的身心就处在一种非平衡状态，引起种种心理发展上的矛盾。

第一，生理变化对心理活动的冲击。青少年体貌的变化，使他们有了成人感，他们希望获得新的社会评价，在各种新的追求中，他们有了各种困惑；由于性的成熟，青少年对异性产生了好奇和兴趣，萌发了一些与性有关的新的情感体验，滋生了对性的渴望，但又不能公开表现这种渴望和情感，于是，他们会经历强烈的震撼和压抑。

第二，心理上成人感与幼稚性的矛盾。青少年正处于童年向青年的过渡时期，身体发育逐渐成熟，使他们在心理上产生了成人感，认为自己已经是成年人了，无论在思想上还是行为上，都应该享有与成年人同等的社会地位，应该得到相应的尊重和信任。但事实上，他们高估了自己的成熟度，他们的认知水平、社会经验和思维方式都还处于半成熟状态。因此，自我认知与客观现实之间存在着矛盾。

第三，青少年的思维趋于成熟。青少年思维发展的特点是抽象逻辑思维占主导地位，反思性思维开始出现，这一阶段的中学生越来越追求新颖性、独特性，思维体现出较大的创造性；青少年思维的独立性、批判性也有明显的发展，他们具有强烈的求知欲和探索精神，喜欢标新立异，在行为方面，青少年强调独立性，反对老师和家长过多的保护，喜欢用自己的思维方式去判断事物，经常做出"越轨"行为。但是，由于青少年的思维发展水平较低，青少年的思维表现出片面性和肤浅性。他们看问题容易偏激、走极端，缺乏全面、客观、辩证地分析和解决问题的能力；而且，他们非常固执，喜欢钻牛角尖，缺乏变通能力。因此，老师和家长要做好引导工作，防止他们走极端，片面地看问题。

第四，自我意识高涨，形成了相对稳定的自我概念和自我形象。青少年进入青春期后，自我意识开始形成。自我意识是指个人对自我或自我与周围人之间关系的认识。进入青春期的人，随着对外界的了解和生活经验的积累，开始关注和评价自己的内心世界和个性品质。然而，这一时期的他们尚未形成稳固的自我形象，自我意识不够稳定，通常不能对自己做出客观的评价，看问题过于主观。一旦遇到挫折，他们往往会灰心丧气、胆怯自卑、意志消沉，甚至自暴自弃。高中阶段是自我身份整合和人格塑造的关键时期，他们会通过各种方式重新认识自我、评价自我价值，试图重建一个新的自我，所以青春期最关键的是帮助他们树立正确的自我认识。

第五，情绪表现有两极性，心境变化加剧，并产生了反抗心理。青少年情绪起伏大，稳定性差，自尊心强，无论是在集体、同伴中，还是在众人面前，都希望得到尊重和爱护，如获得成功，就会有优越感和成就感，会为一时的成功而激动不已；如遇到失败，就会有强烈的挫折感，从而导致情绪低落、意志消沉。

二、青少年期的主要家庭教育内容

青少年时期是人的身心发生最大变化、从幼稚走向成熟的关键时期。家庭教育要根据青少年身心发展规律，抓住青少年成长的关键点，因势利导地做好青春期知识普及和成长指导工作。因此，青少年期的家庭教育可以从以下几个方面进行。

（一）帮助孩子认识自我

青春期急剧的生理、心理变化使得青少年对自身特别关注，"我是谁""我将来干些什么"等一系列问题常常萦绕在青少年的脑海中，他们越来越意识到自己是一个和别人不一样的个体。正是因为他们非常关注自我，所以对身边人的反应异常敏感，经常认为周边每个人的目光和注意力都投向了自己，自己的一言一行都在众目睽睽之下。这种现象在心理学上被称作青少年的"假想观众"。另外，青少年又想能够有一定的心理自主，也就是要拥有提出自己意见的自由、保留一定隐私的自由、自己做一些决定的自由。在这个过程中，如果环境没有给到相应的支持和肯定，让青少年缺乏自主，那就很容易出现一系列问题行为。最值得家长关注的是，他们最终很难成长为独立的个体。美国心理学家埃里克森正是在此基础上提出了自我同一性理论，为理解和研究青少年问题打开了一扇窗。

埃里克森指出："如果一个儿童感到他所在的环境剥夺了他在未来发展中获得同一

性的可能，这个儿童就会以令人吃惊的方式抵抗社会环境。"青少年的自我同一性是在儿童自居的基础上形成的。父母是儿童早期认同的对象，青少年自我同一性的形成首先要综合这种早期认同。如果父母的价值观、人生观、生活态度是错误的或混乱的，势必会影响孩子自我同一性的形成，造成他们同一性的混乱。所以，家庭作为影响青少年自我同一性形成的客观因素，起着重要的导向作用。

根据埃里克森的观点，青少年自我同一性的健康发展，要求和父母建立允许个人自由做决定的关系，但同时仍要受到一定的限制。该理论已被一些研究所证实：民主、温和、开放并能够自由表达的家庭氛围会促进子女自我同一性的发展。当父母允许青少年自由展示自己，同时也有一些微小冲突时，即当青少年与父母有一个中等程度的联系同时又拥有个人自由时，他们积极的自我同一性的发展会得到最好的激励。在亲子沟通中得到父母支持的青少年能够更好地探索自我同一性，与父母缺乏沟通或沟通不良的青少年则更易出现各种情绪和行为问题。如果父母期望过高，会给孩子带来心理上的压力。因此，这个阶段要完成一个重要的任务，即自己对自己的认同，青少年在经过多种选择的探索后，最终确定了一个清晰的、自我选择的价值观和人生目标。家长可以通过以下途径帮助孩子完成自我认同。

1. 帮助孩子发现优势特长

家长在孩子青春期或更早些时候就要帮助孩子发现他的优势特长，这种特长可以是智力上的，也可以是体能上的；可以是行动上的，也可以是思维上的；可以是技能上的，也可以是意志品质上的；可以是理性上的，也可以是艺术上的。总之，你必须和孩子一起去发现这些，并给予支持，让这些优势开花结果。

2. 帮助孩子完成性别认同

这个可能要更早些，两三岁时就要开始。家长不能把自己的性别爱好反向强加给孩子，而要从服装、发型、玩具、游戏等方面开始做出区分，让孩子在早期就有初步的性别意识。到了青春期，更要从两性基本人格特质（如男子汉气概和淑女风范、理解服从和决断刚毅等）角度做出适当的引导。完成性别认同，是完成自我认同的根本。

3. 学会赏识你的孩子

每个人都有"被承认"的需要，孩子其实有更强烈的"被承认"的渴望。智慧的家长一般会做三件事，一是关注，包括注视、肯定、提供帮助等（这些要素要贯穿儿童青少年整个成长过程）；二是赏识，针对事件，夸赞孩子的行为，夸赞孩子的优良品质，夸赞孩子的勇气和"挑战"意识；三是信任，这是赏识的高级形式，信任最直接的形式就是让孩子自由地说话、做事，让孩子为父母或家庭承担某项工作，或让孩子承担更大的责任，甚至在一些方面让孩子全权代理，这是孩子长大和自我认同最核心的标志。

（二）完美人格的塑造

现代社会需要情操高尚、意志坚强、个性强烈、富于创新、人格独立、心理健康的人才。在孩子性格形成的青少年时期，培养孩子高尚的品德、强烈的独立意识、坚强的意志、刚毅的性格、团结他人的能力、吃苦耐劳的精神、独创精神、尊重他人和获得他人尊重的能力等优秀品质非常重要，这是塑造孩子成为具有健全人格的人的重要环节。

父母要将子女的道德情操教育、独立能力培养、意志力锻炼、良好个性养成作为对青少年子女教育的重要内容，有意识地贯穿于日常生活的方方面面，拓宽教育层面，取得更大实效。例如，在孩子明确是与非、对与错的观念后，从小就鼓励他们从帮助他人中获得满足与自豪；事情做错后立即改正就能得到原谅。凡是孩子做对了就肯定、鼓励、表扬，做错了就用恰当的态度和方法批评、制止，使孩子明白该做什么，不该做什么。天长日久，就可促使孩子形成助人为乐、知错能改等高尚道德情操。父母要注意交给孩子一些力所能及的任务去独立完成，鼓励他们在完成任务中多动脑筋、多想办法，力争使任务完成得漂亮。从完成一双小袜子的清洗，到完成食品的采买；从完成房间的清扫，到完成房间的布置设计，事情由小到大，由简单到复杂，都给孩子提供了独立思考的机会，有利于培养他们的独立能力。父母在孩子成长的过程中，特别在孩子青少年时期需求增多的情况下，不要事事都满足孩子，要在学习上、经济上创设一些艰苦的环境锻炼孩子的意志力，让孩子敢于面对困难，勇于解决问题，在实践中磨炼自己的意志力，培养克服困难的精神。

在孩子逐渐懂事、实践范围日益扩大的青少年时期，加强对孩子人格的塑造，意义十分重大。人格塑造并非一日之功，它要靠数年甚至更长时间的磨炼和积累。在孩子可塑性很强的年龄，坚持不懈地对孩子进行教育，刚毅、能团结人、能吃苦耐劳、不怕困苦、能独立思考等良好个性的养成，都会成为孩子完美人格形成的奠基石。

（三）开展家庭青春期教育

青春期是儿童向青年过渡的时期，是生理和心理发展的关键时期，也是冲突频发的"危机"时期。随着青春期自我意识的觉醒，孩子们非常关注自己的容貌。有关"青春期烦恼"的调查显示，身体烦恼是他们最常见的烦恼。他们对自己的长相非常敏感，脸蛋是否英俊漂亮、身材是否高挑适中、皮肤是否白皙等，往往会引起他们强烈的情绪反应，由于与"理想模式"之间的差距，使他们常常陷入苦恼中。因此，要帮助孩子树立正确的外貌观，让他们有正确的审美观念，明白人重要的是要有内在的智慧、能力和品格等，让孩子追求自然美，正确对待自己的外貌，更好地自我接纳，培养积极的自我概念。

对于青春期的孩子来说，这一时期最重要的心理特征是"自我意识"的觉醒和"性意识"的觉醒，这一时期也是人的一生中最需要进行性教育的时期。家长承担着对孩子进行青春期性教育的责任，首先从转变自身观念，学习性生理、性心理、性道德、性法规等知识开始。

家长要注意观察孩子的生理变化，观察孩子的情绪、行为、心理有无异常。青春期的孩子对于性往往觉得"羞于启齿"，家长可以通过与孩子坦诚的交流，及时了解和解决孩子的困惑，认真、科学地对孩子进行性教育。

家长对孩子进行性教育应遵循以下基本原则：

第一，要有科学的态度。家长要树立正确的性教育观念，不要给性披上神秘的色彩，不要灌输一些肮脏的观念，更不要培养孩子的性罪恶感。帮助儿童认识到性就是一种自然的生物现象，形成正确的性道德观念，培养对性的责任感和严肃性。

第二，要采用审慎的方法。性教育不同于其他的教育，必须谨慎行事，在具体方法上应特别讲究。父母可把有关性发育的知识在性成熟到来之前适当地传授给子女，使他们在青春期来临时不至于茫然、困惑；但也不能一语道破，或加以描绘，而应就事论事，用严肃的态度来进行讨论。要引导孩子建立健康的男女同学关系，发展有益的友谊，在男女交往中注意分寸，帮助孩子把主要精力和兴趣转移、集中到学习和有利于他们身心发展的社会活动上去。

第三，对儿童进行性道德教育。要告诉孩子，发生性行为要遵守社会公德和法律，在未成年和经济尚未独立之前，不要想太多，要引导孩子把注意力放在学习上，放在有意义的社会活动或体育运动上，转移对性的注意力。

（四）对孩子进行正确的交友指导

随着新的社交意识的萌发，青少年活动范围扩大了，已不再把自己局限在家庭或班级，开始广泛地结交朋友，发展友谊。他们选择兴趣、爱好、性格、信念相同的人做朋友，把朋友当作同学中最亲密的人，对朋友可以"推心置腹"，无话不谈，视友谊为自己行动的力量。但是由于他们还不成熟，没有经验，辨别是非的能力比较差，不会选择性地交朋友，也有可能交上品德不端的朋友。而且，他们尚不理解友谊的真正含义，有时会出现为朋友"两肋插刀"而不问是非的现象。

家长如果对此有所忽略或教育失误，孩子就有可能受不良影响走下坡路。因此，家长要有意识地对他们选择朋友和与朋友交往的方式进行指导，如增强他们的是非观念，减少交友的盲目性；摸清孩子的交友情况，留意子女与哪些伙伴交往密切，他们的道德品质如何；对于孩子在处理交往中的矛盾时，家长应侧面引导，树立榜样，使他们懂得以诚相待、宽以待人、互相谅解是朋友交往中所应具备的基本态度。

在交友过程中，青春期的孩子很可能会对异性产生好感，如果有早恋现象，家长应采取正面引导的方法，不要简单粗暴地对待孩子。高中阶段的学生有了朦胧的性意识，渴望接近异性、了解异性、欣赏异性、仰慕异性，并由此引发各种心理和行为困扰。家长对孩子与异性交往切忌过度敏感，更不能以此为理由私拆孩子信件、偷听孩子电话、翻看孩子日记等。未成年人的隐私受到法律的保护，但是为了履行监护职责，家长可以采取适当的方式了解孩子的隐私，做孩子的好朋友，引导孩子主动将自己的困惑告知家长。

家长应帮助孩子划清友谊与爱情的界限，使孩子认识到早恋对自我发展的不利影响，正确进行异性交往，教育孩子在异性交往中学会自律。抓住日常生活中的相关事件，对孩子进行青春期性生理、性道德教育，包括抵制毒品和防治艾滋病等教育，提高子女自我保护意识，保护子女不受他人侵犯。

（五）做好职业生涯规划，做出人生最佳选择

在传统高考背景下，学生只需要选择文科或理科，志愿填报也主要遵循院校优先的原则。随着新高考改革的启动，评价录取方式的多样化导致学生选择的多元化，在众多选择面前，如何做出最优选择无疑是高中生最重要的任务之一。新高考改革将学生生涯发展规划教育提到了前所未有的高度，表面上看起来学生是在选择学习物理还是历史，是在选择学习地理化学还是政治地理，实质上，新高考是在要求和引导学生要尽早进行生涯规划，要求学生在高中阶段认真思考和探索我是谁，我想成为什么样的人，以及如何成为那样的人。那父母如何帮助孩子进行生涯规划呢？

1. 支持孩子探索自己

生涯规划的第一步是知己，也就是探索自己。具体包括探索自己的兴趣、能力、性格、价值观等，即全面探索和了解自己是一个什么样的人，具备哪些优势和潜力，了解自己适合或者擅长学习什么专业，从事什么工作。自我是在探索和尝试中慢慢确立起来的。

怎样帮助孩子找到自我？这是孩子自己的人生课题，别人没法替他回答；实际上，任何人都不可能替别人解答。可以理解父母想要帮助孩子的心情，但在这个课题上，父母想替孩子加速，很难；但是，要设置障碍，却很容易。所以，我们真正要注意（避免）的问题是：如何不给孩子添麻烦，不要无意中给孩子设置了障碍。我们能给到的最大帮助就是"不要帮倒忙"！

孩子寻找自我的过程中，父母只要一两句话，就可以毁掉孩子的努力。所以，我们能给到的帮助就是尽量不要给孩子泼冷水。

什么叫泼冷水？

举个例子：有的父母希望孩子一开始就能坚定地找准自我。有的孩子的兴趣一会儿一变，去年想学下棋，今年又对游泳感兴趣，这很正常。但是父母会说："你到底要学啥？下棋也没学出来，你能保证游泳就能好好坚持吗？"孩子确实不能保证，但他不就是在探索吗？如果这些过程被定义成"三心二意"，孩子也就不敢再去寻找自我了。

还有的父母把孩子正在做的事说成"幼稚""不务正业""没有用"，好像在说：你必须做一些我认可的"正事"，如果你喜欢做的事在我看来是无价值的，我就不认可你。有的孩子喜欢画漫画，父母就会说：你画这种东西有什么用呢？还不如学习素描。这些都是在破坏孩子寻找"自我"的努力，让孩子陷入迷惑，甚至发展出"假自我"。所以，虽然父母不能帮孩子找到自我，但可以对孩子阶段性的发现表示支持。他现在对画漫画有兴趣，你就支持他画，也许这就是他的热爱。也可能他迷恋了一阵，兴趣

又转到了别的地方，你就支持他做新的探索。每一次探索，孩子都会对自己了解得更多。

2. 帮助孩子探索外部世界

了解清楚自己之后，就到了知彼的部分，也就是探索和了解外部世界。例如，可能有孩子对医学感兴趣，那这个时候就需要去了解，哪些大学有医学类专业？这些大学的排名和往届录取分数是什么？这些大学的哪些专业在贵州招生？医学类专业具体包括哪些？大学学的课程有哪些？这些课程与高中的学习有什么关系？在填报志愿的时候，不同的医学类专业对高中所学科目有哪些要求？不同的医学类专业，所从事的工作究竟是如何的？这个工作对学历、对人的个人素养有哪些要求？这个专业的社会需求是多的还是少的等。孩子们需要做大量的调查工作，通过调查去了解真实的外部世界是什么样的，进而去评估这是不是自己期待的。在以往的工作中，很多孩子在这一步的时候会发现，自己感兴趣的专业和职业与自己想象中存在很大差异。所以，家长要帮助孩子了解外部世界真实的样子。

3. 指导孩子做生涯决策

在了解自己和了解外部世界的基础上，要将自己的个人优势、潜力、职业兴趣、大学专业信息、实际工作要求等信息进行整合并综合分析。我们当然希望孩子将来都能做自己既喜欢又擅长的事情，但在综合分析所有信息的时候，每个孩子都多少需要做一些选择和放弃，有的孩子会选择自己非常喜欢但是不太擅长的，这就意味着可能在今后的学习和工作中他要比其他人付出更多的努力，也有的孩子会选择自己非常擅长但并不是特别喜欢的，那就引导孩子未来能把喜欢的当作兴趣爱好充实自己的工作和生活。

4. 督促孩子进行生涯行动

如果说前面的探索和决策是在找寻目标"抬头看路"，那生涯行动就是在每天的高中生活中为了目标而踏实努力。这个努力不仅仅是学业上的努力，也包括性格的完善、能力的提高（时间管理的能力、自律的能力、解决问题的能力等）、良好生活学习习惯的养成等。

对于新高考模式下的高中生来说，生涯规划的意义不是在现在就确定、决定自己将来一定要干什么，而是首先在生涯探索的过程中对未来有一些大概的方向，帮助自己在选择高考科目的时候少一些迷茫和遗憾，全心全意地去学习所选择的科目；其次学习生涯规划可以为自己今后的人生规划打下基础。

参 考 文 献

[1] 张东燕，高书国. 现代家庭教育的功能演进与价值提升——兼论家庭教育现代化［J］. 中国教育学刊，2020（1）：66-71.

[2] 范卿泽，谭轹纱，贾伟. 立德树人视域下我国家庭教育的价值本真、现实隐忧及发展路向［J］. 中国电化教育. 2023（8）：68-75.

[3] 洪明，论新时代我国家庭教育的基本理念［J］. 河北师范大学学报（教育科学版），2022，24（1）：94-100.

[4] 黄四林，左翼，莫雷，等. 学生发展核心素养研究的国际分析［J］. 中国教育学刊，2016（6）：8-14.

[5] 李文渊. 实施家庭科学教育的策略探究［J］. 考试周刊，2020（99）：5-6.

[6] 龙海涛. 新时代高质量发展视域下"大科学教育"新生态构建研究［J］. 中国多媒体与网络教学学报（上旬刊），2023（10）：142-146.

[7] 辛涛，姜宇，林崇德，等. 论学生发展核心素养的内涵特征及框架定位［J］. 中国教育学刊. 2016（6）：28，37.

[8] 核心素养研究课题组. 中国学生发展核心素养［J］. 中国教育学刊，2016（10）：1-3.

[9] 贾绪计，王泉泉，林崇德. "学会学习"素养的内涵与评价［J］. 北京师范大学学报（社会科学版）2018（1）：7.

[10] 张丹. 论核心素养下"学会学习"的评价框架［J］. 教育文汇，2021（10）：36-40.

[11] 徐洁. 新时代青少年健全人格教育之道［J］. 人民教育，2023（22）：100-103.

[12] 刘平秀. 培养健全人格：学校德育应至为关注的问题.［J］. 教育学术月刊. 2000（10）：24-26.

[13] 石映辉，彭常玲，吴砥，等. 中小学生信息素养评价指标体系研究［J］. 中国电化教育，2018（8）：73-77，93.

[14] 王泉泉，刘霞，陈子循，等. 核心素养视域下劳动素养的内涵与结构［J］. 北京师范大学学报（社会科学版），2021（2）：6.

[15] 教育部. 义务教育劳动课程标准（2022年版）.

[16] 张乂尹，龙汉武. 新时代家风建设研究［D］. 南充：西华师范大学，2022.

[17] 廖艳华，屏幕时代的亲子沟通：因爱而生，从规则而行［J］. 人民教育，2023（20）：50-53.

[18] 郑秀丽. 家庭教育必读［M］. 北京：中华工商联合出版社，2023.

[19] 全国妇联. 家庭教育指导者培训教材：全2册［M］. 北京：中国妇女出版社，2020.

[20] 康丽颖，刘肖岑，夏婧. 家庭教育指导教程：第一册［M］. 北京：北京师范大学出版社，2023.

[21] 刘文，杨丽珠. 毕生发展心理学［M］. 2版. 北京：高等教育出版社，2022.

[22] 雷雳. 毕生发展心理学：发展主题的视角［M］. 2版. 北京：中国人民大学出版社，2022.

[23] 林崇德. 发展心理学 [M]. 2版. 北京：人民教育出版社，2019.
[24] 缪建东. 家庭教育学 [M]. 3版. 北京：高等教育出版社，2022.
[25] 李天燕. 家庭教育学 [M]. 上海：复旦大学出版社，2007.
[26] 吴航. 家庭教育学基础 [M]. 武汉：华中师范大学出版社，2010.
[27] 黄河清. 家庭教育学 [M]. 上海：华东师范大学出版社，2014.
[28] 吴奇程，袁元. 家庭教育学 [M]. 3版. 广州：广东高等教育出版社出版，2011.
[29] 彭德华. 家庭教育新概念 [M]. 兰州：甘肃教育出版社，2001.